MERE ET ENFANT
Les premières relations

Daniel Stern

Mère-enfant
Les premières relations

Troisième édition

MARDAGA

Copyright © Daniel Stern, 1977

© by Pierre Mardaga éditeur
Hayen 11 - B-4140 Sprimont
D. 1997-0024-6

Remerciements

La rédaction de ce livre est le fruit de discussions, de suggestions et de critiques de nombreux collègues et collaborateurs. Dans la plupart des cas, leur contribution ne se borne pas seulement à l'élaboration de cet ouvrage mais aussi aux années de recherches et d'échanges d'idées qui en sont les bases.

Je voudrais tout spécialement citer Sam Anderson, Susan W. Baker, Béatrice Beebe, Stephen Bennett, John Gibbon, Joseph Jaffe, J. Craig Peery, Liz Sharpless et Gail A. Wasserman.

J'aimerais également remercier Lawrence C. Kolb et Howard H. Hunt qui, en plus de leur contribution capitale à l'achèvement de ce travail furent des conseillers inestimables.

La plupart de ces recherches furent patronnées par la Fondation William T. Grant, par la Fondation de Recherche sur l'Hygiène Mentale de l'Etat de New York et par la Fondation Jane Hilder Harris. J'adresse tout spécialement ma gratitude à Phyllis Jacobs pour l'aide apportée lors de la préparation du manuscrit et à Susan Baker pour m'avoir encouragé inlassablement lors de la rédaction. Mais je voudrais avant tout rendre hommage aux parents qui nous ont permis d'élaborer nos théories à partir d'exemples vivants.

Chapitre 1
Les débuts de la socialisation

Nous avons observé les interactions sociales qui se créent entre les enfants en bas âge et les personnes qui en ont la garde, à la maison, en laboratoire, dans les cours de récréation, dans les parcs, dans le métro... Le but de ces recherches était de comprendre de quelle manière, dans ce laps de temps réduit qui embrasse les six premiers mois de sa vie, l'enfant évolue jusqu'à devenir un être social. D'une manière ou d'une autre, durant cette brève période — que j'appellerai la première phase de l'apprentissage de la « vie humaine » — le bébé aura appris la manière d'inviter sa mère au jeu et partant, aura établi une interaction avec elle*; il sera passé maître dans l'art de maintenir et de régler le flux d'échanges sociaux; il aura acquis la connaissance de signaux destinés à éviter ou à mettre fin à une rencontre interpersonnelle, ou à la

---

* N.D.A. Je désignerai tous les petits enfants par un pronom masculin et toutes les personnes qui leur apportent des soins par un pronom féminin. J'espère que les désavantages de cette convention seront compensés par les avantages d'une meilleure compréhension.

placer provisoirement à un « stade latent ». D'une manière générale, il aura maîtrisé la plupart des signaux et conventions de base qui lui permettront d'exécuter les « mouvements » et d'imiter les séquences de gestes qu'effectue sa mère; il en résulte ces sortes de danses que nous appelons 'interactions sociales'. Cette chorégraphie d'origine biologique constituera le prototype de tous ses échanges interpersonnels ultérieurs.

Ce livre propose d'exposer mon étude des processus précoces d'interaction sociale: le comportement, tant de l'enfant que de celui qui s'en occupe, vu sous l'angle de son élaboration, de sa structure, de ses buts, de ses fonctions évolutives... Ce livre ne s'attache pas au comment du phénomène mais plutôt à sa nature même.

La notion de base tout au long de cette recherche était simple: qu'ils en soient conscients ou non, le nourrisson et son partenaire en 'savent' plus long que nous au sujet de leurs propres interactions sociales. En agissant et réagissant tout naturellement, ils sont devenus mes professeurs. Avec son bébé, la mère est engagée dans un processus naturel qui dévoile ses arcanes complexes et fascinantes auxquelles tant elle que l'enfant ont été préparés au cours d'une évolution millénaire. Vu qu'ils savent par intuition la manière dont s'opèrent leurs propres échanges, j'ai dû rechercher la méthode adéquate pour retirer un enseignement à partir d'éléments qui ne se prêtent pas nécessairement à une explication par des mots; et c'est à cette fin que mes collègues et moi n'étions souvent que de simples observateurs prêtant un œil investigateur et une oreille attentive aux « événements » interactifs et les relevant au fur et à mesure qu'ils apparaissaient. Cependant, ces « événements » sont uniques et de courte durée. C'est pourquoi, afin de pallier cet inconvénient, nous avons régulièrement procédé à des enregistrements sur vidéo au domicile des participants. De retour au laboratoire, nous pouvions voir et revoir ces films à loisirs et lorsqu'une observation plus détaillée nous semblait nécessaire, nous examinions des films de seize millimètres, image par image, consacrant des heures à observer des « événements » qui se déroulent en réalité en quelques secondes. A d'autres moments, nous enregistrions certains types de comportements, comme le fait de regarder fixement ou d'émettre des sons, et fournissions les résultats à un ordinateur en espérant en retirer des modèles et des éléments relationnels.

Avant de poursuivre, je voudrais décrire le genre d'« événements » qui ont retenu notre attention et qui nous ont permis de tirer nos enseignements. Il s'agit des échanges interpersonnels ordinaires et communs qui se créent entre un enfant et la première personne qui lui confère soins et attentions pendant les six premiers mois de sa vie. Il s'agit là d'instants qui sont de nature presque exclusivement sociale. Ils surviennent bien souvent à des moments inattendus et peu propices : au cours de ou entre d'autres activités. Pourtant, comme je vais essayer de le démontrer, ces instants de relations interpersonnelles sont d'une importance cruciale car ils constituent l'expérience qui régira les relations entre l'enfant et autrui. Voici un exemple détaillé qui donne une idée du phénomène et qui servira de référence par la suite.

Une maman était occupée à donner le biberon à son garçonnet âgé de trois mois et demi. Il l'avait déjà vidé presqu'à moitié après avoir tété de manière assidue tout en ayant, à l'occasion, dirigé son regard vers sa mère, parfois pendant de longs moments (dix à quinze secondes). A d'autres instants, il promenait son regard paresseusement dans toute la pièce. Jusque-là, la maman était restée plutôt calme. Elle jetait régulièrement un coup d'œil vers son bébé de manière à s'assurer que tout était en ordre, et de temps à autre, elle le fixait longuement (vingt à trente secondes) d'un regard doux sans toutefois lui parler ou changer l'expression de son propre visage. Il était rare qu'elle lui dise quoi que ce soit en l'observant mais lorsqu'elle regardait dans ma direction, elle parlait souvent et son visage était très animé.

Jusqu'à ce stade : un repas banal sans interaction sociale. C'est alors qu'un changement s'amorça. Tout en me parlant et en me regardant, la maman tourna la tête et fixa le regard de l'enfant. Quant à lui, il fixait le plafond mais du coin de l'œil, il remarqua la tête de sa mère se tourner dans sa direction et fit alors pivoter la sienne pour, à son tour, la regarder. Ce phénomène s'était déjà produit auparavant, mais cette fois bébé rompit la cadence et s'arrêta de téter. Il desserra son emprise sur la tétine et la succion qu'il exerçait s'arrêta comme il esquissait un faible sourire. La mère s'arrêta soudain de parler et comme elle observait le visage de l'enfant en train de changer, ses yeux s'ouvrirent un peu plus et ses sourcils se levèrent quelque peu. Les yeux de l'enfant se fixèrent sur ceux de sa mère et tous deux restèrent un instant immobiles. Le bébé ne reprit pas le biberon et la maman maintint sa faible expression d'anticipation. Cet instant de silence et d'immobilité persista jusqu'au moment où la mère, soudain, rompit le charme en prononçant un « Hé ! » en même temps qu'elle ouvrit ses yeux plus grands, releva plus encore ses sourcils et balança la tête en direction de l'enfant. Presque simultanément, les yeux du nourrisson s'agrandirent, sa tête s'inclina et comme son sourire s'élargit, la tétine tomba de sa bouche. Alors elle lui dit : « Eh bien !... coucou !... coucou... cououcouou !... », en faisant monter le timbre de sa voix de sorte que les 'coucous' deviennent plus longs et plus accentués à chaque répétition. A chaque expression, le bébé exprimait un plaisir accru et son corps résonnait presque comme un ballon que l'on gonfle, prenant un peu plus de volume à chaque inspiration. Alors la maman s'arrêta et son visage se détendit. Ils se dévisagèrent l'un l'autre pendant un instant avec l'air d'attendre quelque chose. L'émoi réciproque s'atténua mais avant qu'il ne se fut complètement effacé, le bébé prit soudain l'initiative et tenta de le sauver. Sa tête s'avança brusquement, ses mains tendues se secouaient, et un sourire plus large s'épanouit. Sa mère se secoua en un mouvement vers l'avant; la bouche ouverte et les yeux étincelants, elle dit: «Oooooh... tu veux jouer, n'est-ce-pas... hein?... je ne savais pas si tu avais encore faim... non... noooon... non, je ne savais pas.» Et ils continuèrent de la sorte...

Après quelques simples échanges, la cadence et l'agitation s'amplifièrent et l'interaction prit alors la forme d'un jeu répétitif. Les cycles de ce jeu se présentent à peu près ainsi: la mère s'approcha en s'inclinant, en fronçant les sourcils mais avec un pétillement dans le regard et les lèvres pincées en forme de cercle, toujours prêtes à se transformer en un sourire. Elle dit: «Cette fois, je vais t'avoir» tout en portant sa main sur le ventre du nourrisson; elle commença alors à le chatouiller en simulant une marche à l'aide de ses doigts sur l'abdomen de l'enfant, ainsi qu'aux endroits sensibles de la nuque et des aisselles. Pendant qu'elle s'affairait autour de lui et parlait, il souriait et gigotait mais maintenait toujours un contact visuel avec elle. Même cette 'marche des doigts' ne mit pas fin à cet échange de regards.

Après que la 'marche des doigts' eut atteint la nuque et fut ponctuée d'un dernier chatouillis, la mère recula rapidement sur sa chaise. Son visage s'épanouit et ses yeux errèrent comme si elle semblait réfléchir à un nouveau plan plus irrésistible encore pour sa prochaine approche.

Le bébé poussa un « Aaah » à peine audible et observait, captivé, tandis qu'elle laissait passer ses pensées librement sur son visage, comme si ce dernier était un écran transparent reflétant les images successives de son esprit.

Finalement, elle se rua à nouveau vers l'avant, peut-être un peu plus tôt et avec plus d'empressement que précédemment. L'enfant, dont la vivacité d'esprit n'avait pas encore acquis toute l'assurance nécessaire, fut pris au dépourvu en un rien de temps. Sur son visage, on pouvait lire plus de surprise que de joie. Ses yeux étaient grands ouverts ainsi que sa bouche mais sans que les commissures ne soient relevées. Il détourna quelque peu le visage sans toutefois rompre l'échange de regards. Lorsqu'elle revint à la fin de ce cycle, la mère se rendit compte qu'elle avait en quelque sorte manqué son but, pas tout à fait échoué, mais manqué son but quand même. La joie s'était dissipée. Elle se renversa dans sa chaise pendant plusieurs secondes, parlant à voix haute à elle-même ou à l'enfant mais sans faire quoi que ce soit, si ce n'est reconsidérer les faits. Ensuite, elle reprit le jeu. Cependant, cette fois elle abandonna la 'marche des doigts' et ordonna ses actions en une cadence plus régulière et plus prononcée. Elle commença plus uniment, et l'expression changeante et spectaculaire de ses sourcils, de ses yeux et de sa bouche, sans toutefois constituer une menace, ne laissait planer aucun doute sur son intention d'accomplir ce qu'elle disait : « Je vais t'avoir ». Le bébé avait de nouveau fixé toute son attention sur elle, et de sa bouche partiellement ouverte, commença à esquisser un faible sourire; il inclina ensuite la tête et ferma les yeux à demi.

Durant les quatre cycles suivant d'un jeu à peu près identique, la mère accomplit les mêmes gestes, si ce n'est qu'à chaque cycle successif elle augmentait le degré de suspense par l'expression de son visage et de sa voix et en jouant sur le facteur temps. Voici comment le jeu se déroula: «Je vais t'avoir... jjjjeeee vais t'avoir... jjjeee vvvaiais t'avoir...» Le bébé devenait de plus en plus excité et l'agitation croissante de la mère et de l'enfant laissait apparaître des éléments et de joie et de danger. Au cours du premier cycle, le bébé resta fasciné par les singeries de sa mère. Il fit un large sourire et ne la quitta pas des yeux. Pendant le deuxième cycle, tout en maintenant ce sourire, il détourna un tant soit peu le visage à l'approche de sa mère. Au début de la troisième «attaque» de la mère, l'enfant n'avait pas encore repris la position du face à face et sa tête restait un rien détournée, position qu'il accentua en voyant s'approcher la tête de sa maman mais il ne la quitta toujours pas des yeux. Au même instant son sourire s'évanouit. Les sourcils et les commissures de ses lèvres tremblotaient d'avant en arrière entre le sourire et une expression plus modérée. Son agitation augmentant, il semblait côtoyer la frontière qui sépare l'allégresse de la frayeur, frontière qui fut bientôt franchie car bébé ne soutint finalement plus le regard de sa mère et semblait de cette façon se reprendre durant un bref instant, afin de diminuer son propre degré d'excitation. Ayant réussi à se calmer, il dirigea à nouveau son regard sur maman et s'emporta en un large sourire. A cette réplique, la maman entama avec entrain le quatrième cycle, le plus passionnant, mais il se révéla insoutenable pour l'enfant qui fut poussé par-delà la frontière. Son regard s'esquiva immédiatement, le visage resta détourné et les sourcils froncés. La mère prit l'enfant immédiatement, cessa le jeu détruit par son principe même et elle dit avec douceur: «Oh mon chéri, peut-être as-tu encore faim, hein... viens, voici encore un peu de lait». Il la regarda à nouveau. Son visage s'illumina et il reprit la tétine. Le 'moment' de l'interaction sociale était passé et le repas avait repris. (L'ensemble de cet épisode avait duré environ quatre minutes.)

L'analyse de tels 'moments' nous a appris que les interactions purement sociales, parfois désignées par «free play» (jeu libre) entre la mère et l'enfant comptent parmi les expériences les plus importantes de la première phase de socialisation de l'enfant et de sa participation aux événements humains. A la fin des six premiers mois, les dés de cette phase sont jetés, ce qui n'est pas du tout insignifiant.

L'enfant s'est forgé une idée du visage humain, de la voix et du toucher, et à l'intérieur de ces catégories, il connait tout particulièrement le visage, la voix, le toucher et les mouvements de son tout premier partenaire — généralement la mère. Il a acquis les schémas des diverses modifications qu'ils subissent afin d'exprimer différents sentiments et signaux émotionnels humains. Il est conscient de la structure temporelle du comportement humain ainsi que de la signification des différents changements et variations dans l'allure et le rythme. Il a connaissances des données et conventions sociales qui agissent réciproquement lorsqu'il s'agit d'entamer, de maintenir, de terminer et d'éviter des interactions avec sa mère. Il a appris diverses attitudes discursives et dialogiques, tel le fait de prendre son tour. Il possède maintenant les bases de quelques images complexes internes de sa mère, si bien que quelques mois après la fin de cette phase, nous pouvons dire qu'il a conscience de l'état permanent des objets ou qu'il dispose d'une représentation perpétuelle de maman, représentation qu'il a toujours présente à l'esprit, qu'elle soit à ses côtés ou non.

Dans le but de comprendre comment s'accomplissent les tâches évolutives durant cette première phase, je me conformerai au plan suivant: premièrement, j'examinerai le répertoire des expressions faciales, vocales et autres que le «partenaire» adopte en face de l'enfant, ce qui pour ce dernier constitue sa toute première expérience dans l'univers des stimuli humains. J'examinerai ensuite le répertoire des comportements et capacités de perception que l'enfant possède pour percevoir et agir dans le monde des comportements humains. Au stade suivant, je discuterai de quelques découvertes expérimentales et de quelques structures théoriques qui nous aiderons à comprendre comment les comportements de la mère et de l'enfant — considérés séparément — s'influencent mutuellement. Ces mêmes découvertes et structures nous permettrons également de saisir les structures réelles des interactions, la nature de leurs buts et des fonctions évolutives qu'elles doivent accomplir. Pour terminer, dans un chapitre traitant des aspects plus cliniques, j'examinerais certains facteurs qui peuvent faire avorter ces interactions.

Chapitre 2
Le répertoire du partenaire de l'enfant

L'utilisation que la mère fait de son visage, de sa voix, de son corps et de ses mains constitue le premier contact du nourrisson avec le monde humain. Le courant continu de ses actes fournit au nourrisson sa première expérience avec le monde de la communication humaine. Cette chorégraphie du comportement maternel est la matière première provenant du monde extérieur avec laquelle le nourrisson commence à élaborer sa connaissance et son expérience de la « vie humaine » : la présence humaine; la voix et le visage humain; leurs formes et changements qui constituent les expressions; les éléments et la signification des comportements humains; la relation entre son propre comportement et celui de quelqu'un d'autre.

Après avoir observé à maintes reprises des interactions ludiques entre mères et enfants, j'ai progressivement compris qu'un fait évident mais important m'avait échappé. Les mères se conduisent différemment avec les nourrissons qu'avec les adultes ou les enfants plus âgés. Ce fait est si commun et si naturel qu'il est considéré comme allant de soi et que, généralement, il passe inaperçu en tant que phénomène d'un quelconque intérêt scientifique. Les mères non seulement accomplissent des choses différentes en présence des nourrissons mais elles les accomplissent également d'une manière différente. Le « langage bébé » est l'exemple le plus évident et le mieux étudié même si nous commençons seulement à en comprendre toutes les complexités. Cependant, il s'avère que ce langage n'est qu'un élément d'un plus large éventail de comportements spécifiques aux relations mère-bébé. En effet, tous les comportements sociaux de la mère, qui sont orientés vers le nourrisson sont spécifiques à ce genre de relation. Les « grimaces » qu'elle fait au nourrisson, la manière dont elle utilise son langage — non seulement ce qu'elle dit mais également les sons qu'elle émet — les mouvements de sa tête et de son corps, ce qu'elle fait avec les mains et les doigts, sa position vis-à-vis de l'enfant et le « timing » et le rythme de ses comportements, autant de comportements qui sont tous différents lorsqu'ils sont adressés au nourrisson.

Comparé aux plus acceptables et aux plus appropriés des comportements entre adultes, le répertoire des actions d'une mère envers son enfant est tout à fait inhabituel et en fait même complètement déviant. Ces actions seraient considérées comme franchement bizarres si elles étaient accomplies devant quelqu'un qui ne serait pas un enfant (à cette exception près d'un jeune animal ou peut-être d'un amoureux). Cependant, dans cet ensemble d'actions orientées vers l'enfant, on trouve un sous-ensemble particulier normal et attendu de comportements humains, à savoir un sous-ensemble appartenant à la catégorie plus large des conduites parentales. J'appellerai cet ensemble comportemental, le comportement social provoqué par le nourrisson.

Lorsqu'on ne considère plus l'évident comme allant de soi, de nombreuses questions nouvelles surgissent: en quoi consiste ce sous-ensemble particulier de comportements et quelles en sont les caractéristiques; qu'est-ce qui, chez le bébé, provoque ces conduites particulières; quelle autre personne, en dehors de la mère est en mesure de les adopter; à quelles fonctions, s'il en existe, ces attitudes peuvent-elles servir en ce qui concerne la vie et le développement du nourrisson; ces comportements ne sont-ils spécifiquement provoqués que par des bébés humains et comment diffèrent-ils d'une culture à une autre ?

Description des comportements sociaux provoqués par le nourrisson

Un mot d'avertissement tout d'abord. Mon but n'est pas de décrire ces comportements afin que les personnes qui s'occupent des nourrissons s'y conforment ou les exécutent de manière plus adéquate. Habituellement, ces personnes les accomplissent déjà tout naturellement, voire inconsciemment. En fait, si vous attirez l'attention d'une mère sur ce qu'elle est précisément occupée à faire, elle vous dira « Oui, bien sûr et alors ? ». Je n'ai pas non plus l'intention d'attirer l'attention de la mère sur le moindre petit mouvement ou son qu'elle produit. Chaque personne développe sa façon d'agir, adaptée à sa personnalité et à celle de l'enfant. J'espère en fait, qu'aucun de mes dires ne viendra en rien troubler cet échange naturel.

Cependant, il y a deux raisons impératives qui me poussent à décrire ces conduites : pour indiquer (et offrir l'assurance) que la plupart de ces actions inhabituelles qu'une mère accomplit représentent un aspect normal et nécessaire de cette partie de la biologie humaine que nous appelons « activité parentale » — et qui doit être source de joie; pour les caractériser afin de pouvoir imaginer la manière dont les nourrissons les reçoivent d'un point de vue visuel, auditif et sensitif.

Expression du visage : Les expressions du visage de la mère face au bébé sont exagérées dans le temps et dans l'espace. Deux exemples courants suffiront : la simulation de surprise et le froncement des sourcils. Quand une mère essaie d'attirer l'attention de son bébé et qu'il se tourne pour la regarder, au moment même où il exécute ce mouvement, la mère a souvent tendance à simuler la surprise. Ses yeux sont grands ouverts, ses sourcils sont relevés, sa bouche est béante et sa tête est levée et inclinée légèrement. Dans le même temps, elle dit habituellement quelque chose comme « ooooh » et « aaaah ». Cette expression est plutôt stéréotypée mais elle comporte d'innombrables variations mineures : la mère peut sourire ou former un large cercle avec la bouche — en pinçant les lèvres ou non — ou elle peut simplement la garder fermée. Elle peut mouvoir la tête dans la direction du nourrisson plutôt que vers le haut et l'arrière ou elle peut l'incliner sur un côté ; et naturellement l'ampleur de la manifestation faciale peut varier d'un léger déplacement dans l'espace des parties du visage jusqu'à une distorsion faciale totale où chaque élément est déplacé à son maximum, c'est-à-dire que les yeux sont ouverts aussi grands que possible, les sourcils sont aussi élevés que possible, etc. Jusqu'ici nous n'avons décrit que l'exagération dans l'espace, dans le degré et dans l'ampleur de la manifestation. Il y a également une exagération au niveau du temps, c'est-à-dire dans la durée de la réalisation de la manifestation. Comparées aux expressions sociales entre adultes, ces expressions faciales sont généralement lentes à se former mais ensuite elles sont maintenues pour une longue durée. Prenons l'exemple de la simulation de surprise. Généralement, l'expression évolue lentement presque comme si la mère l'exécutait au ralenti ; et puis progressivement mais de manière spectaculaire, elle atteint le degré suprême de la manifestation. Ensuite, une fois ce stade atteint, elle s'y maintient durant une période extrêmement longue (relativement parlant).

A d'autres moments, les mères accélèrent leurs attitudes d'une manière exagérée et à d'autres moments encore, elles «jouent» avec la vitesse et le rythme du flux comportemental, en le faisant varier par des changements de rythme et des sursauts inattendus.

Le second exemple très courant est le froncement des sourcils. Les caractéristiques principales en sont le froncement et l'abaissement progressifs des sourcils avec le rétrécissement des yeux qui s'en suit. La tête s'écarte sur le côté et légèrement vers le bas, la bouche forme un petit cercle ou se pince et les ailes du nez sont tendues (dans une expression plus marquée, le nez peut se retrousser). Cette expression faciale s'accompagne souvent d'une vocalisation «aaaoooh» avec un abaissement de la voix suivie d'un décrescendo dans le volume vers la fin. A son maximum, l'expression semble traduire un certain dégoût. Ici également, comme pour la simulation de surprise, l'exagération est telle qu'une photo instantanée de ces expressions ressemble souvent à une caricature ou à un visage de bouffon. Les sourires, les moues, les pincements de lèvres et leurs nombreuses variations se conforment aux mêmes modes de réalisation.

Nous distinguons trois autres expressions faciales qui présentent un intérêt particulier dans le répertoire des expressions faciales provoquées par l'enfant: le sourire, qui n'a pas besoin d'être décrit, l'expression «O, mon pauvre chéri» à la fois d'intérêt et de sympathie, qui combine les éléments de l'expression de surprise simulée et du froncement de sourcil. Dans cette dernière expression, la mère fronce légèrement les sourcils, mais écarquille les yeux, elle entrouvre généralement la bouche et elle penche ou aligne la tête dans le même plan que celle de l'enfant et s'en approche. Quant à la troisième « expression », celle du visage neutre, elle se rencontre assez fréquemment et est très importante dans la situation provoquée par l'enfant.

Ces cinq « expressions » communes sont universelles et très fréquemment réalisées d'une manière stéréotypée dans les interactions ludiques. Nous les reprenons ici une à une à cause de leur valeur particulière dans la régularition du cours des premières interactions entre mères et enfants.

Il est très rare que, lors de ses interactions avec son petit enfant, la mère ait besoin (de) ou utilise l'éventail complet des expressions humaines qui sont à sa disposition. Seul un nombre limité d'expressions est nécessaire à ce stade du développement pour régulariser le flux principal de l'interaction et pour marquer des points nodaux importants dans ce dernier. Les signaux les plus élémentaires qui permettraient d'atteindre ce but seraient ceux susceptibles d'entamer, de maintenir, de moduler, de terminer ou d'éviter une interaction sociale.
1. La simulation de surprise contribue à amorcer ou signaler un empressement ou une invitation à l'interaction. Elle ressemble à une caricature d'une réponse d'orientation ou de surprise et a beaucoup de points communs avec les attitudes universelles de salutation faciale décrites par Irenäus Eibl-Eibesfeldt et par Kendon et Ferber[1]. Dans certains types d'interactions ludiques, c'est l'expression la plus commune qui ait jamais été observée. Elle peut survenir toutes les 10 ou 15 secondes — presque chaque fois que le nourrisson reconcentre son attention visuelle sur la mère. Tout se passe alors comme

si elle le resaluait chaque fois et lui remanifestait l'intérêt qu'elle lui porte, comme un signal pour indiquer son empressement à une interaction potentielle aussi bien que pour la stimuler.

2. Le sourire et l'expression d'intérêt servent à maintenir et à moduler une interaction en progrès. Le sourire est un puissant signal affirmatif qui indique que l'interaction non seulement se poursuit mais se déroule très bien. On observe aussi l'expression d'intérêt quand l'interaction arrive à son terme ou se déroule mal. C'est une tentative évidente et peut-être un signal de l'intention de la mère de reconcentrer, réengager et de cette façon maintenir l'interaction.

3. La fin de l'interaction se caractérise ainsi : le froncement des sourcils avec un détournement de la tête et a fortiori du regard est un signal pour interrompre du moins provisoirement une interaction qui n'a plus d'effet sur le bébé, ou la mère ou les deux. L'interruption de l'interaction peut, bien entendu, être momentanée et être suivie par un signal de reprise qui consisterait à reprendre l'interaction d'une manière différente.

4. L'évitement d'une interaction sociale se traduit par un visage neutre ou sans expressions, spécialement avec une aversion du regard. Une telle expression est un signal de non-disponibilité ou de manque d'intention à « interagir ».

Toutes les expressions fondamentales du visage, traduisant des émotions telles que la crainte, la colère, la joie, la surprise, le dégoût se composent de différentes combinaisons de mouvements séparés ou de positions de chacune des parties du visage : yeux, bouche, sourcils, etc. A travers toutes les cultures, nous reconnaissons ces combinaisons comme profondément innées. En plus de chaque combinaison qui correspond à une émotion fondamentale, ayant une valeur signal innée, certains mouvements de parties séparées du visage, même dissociés de combinaisons connues, peuvent aussi présenter des «propriétés signal» innées. Par exemple, dans des manifestations émotionnelles où les yeux sont écarquillés (généralement avec le sourcil qui se lève rapidement pour indiquer la surprise, la crainte, l'agitation, le salut), la caractéristique commune du signal est son indication de la disponibilité à l'interaction et une concentration accrue de l'attention sur l'autre. Réciproquement, quand les yeux se rétrécissent (et que les sourcils sont froncés ou abaissés) comme lors des sentiments de colère, de crainte, de désapprobation ou de dégoût, les signaux les plus caractéristiques sont l'intention probable de réduire la disponibilité à l'interaction, d'atténuer ou de briser le foyer d'attention. De la même manière, le mouvement de la tête vers le haut ou en direction de l'autre ou son alignement dans le même plan s'accompagnent de manifestations visibles d'un certain désir à maintenir l'interaction; le fait d'abaisser la tête ou de la retirer, ou surtout de l'incliner d'un côté indique le contraire, c'est-à-dire l'intention de couper court à l'interaction.

Manifestement, une large ouverture de la bouche maintient l'interaction alors qu'une bouche fermée à juste l'effet contraire. De cette manière, les expressions faciales de la mère que provoque l'enfant, constituent des signaux qui indiquent un état général de disponibilité et d'intention qui sont l'origine même d'une interaction et qui permettent également une expérience comportant les caractéristiques fondamentales de ce qui, pour l'enfant, peut aussi constituer des expressions émotionnelles spécifiques.

Dans la plupart de ses expressions faciales, la mère exagère en particulier les éléments suivants: l'œil qui s'élargit ou se rétrécit, le sourcil qui se lève ou se fronce, etc. Ces éléments traduisent l'intention de débuter, de maintenir, de terminer ou d'éviter une interaction concentrée. Les autres signaux dans l'expression maternelle peuvent être initialement perdus pour l'enfant ou sans intérêt pour lui.

Les comportements sociaux provoqués par le nourrisson comportent 3 caractéristiques principales. Ils sont exagérés dans l'espace et l'ampleur de leur manifestation peut être maximale. Leur réalisation est exagérée dans le temps, marquée habituellement par une formation ralentie et une durée prolongée. Le répertoire est habituellement limité à plusieurs expressions sélectionnées qui sont réalisées très fréquemment d'une manière très stéréotypée. Ces caractéristiques de réalisation du comportement facial de la mère facilitent sans aucun doute la capacité de l'enfant à apprendre ces expressions du visage.

L'exagération dans le temps et l'espace accompagnée d'une réalisation fréquente et stéréotypée des seules manifestations sélectionnées, mettrait ces comportements en relief et aiderait l'enfant à les dissocier de l'ensemble des mouvements et d'autres expressions de moindre importance à ce stade du développement; et également à les dissocier des mouvements qui, tout simplement, accompagnent le discours. Comme nous le verrons, ces trois mêmes éléments qui caractérisent les comportements sociaux provoqués par l'enfant dans d'autres modalités — telles les vocalisation — peuvent, ici aussi, jouer le même rôle, qui est de présenter les comportements humains caractéristiques d'une manière tout à fait reconnaissable.

Vocalisation: Le langage est, en pratique, divisé en ce qui est dit (c'est-à-dire le contenu) et la manière dont quelque chose est dit (figures prosodiques). Fergusson, dans un article fascinant intitulé « Le langage ''bébé''dans six langues »[2] a étudié ce que les mères disaient à leurs enfants en six langues de différents continents. Il a découvert qu'elles avaient toutes leur propre version du langage « bébé ». Dans tous les cas, il observa une syntaxe très simplifiée, de très courtes expressions, beaucoup de sons dépourvus de signification et certaines transformations de sons qui avaient des caractéristiques communes dans toutes les langues. Par exemple, les mères du monde entier contribuent à cette transformation du langage en disant « glos bébé » au lieu de « gros bébé ». Beaucoup d'autres chercheurs notamment Nelson et Bloom, ont examiné la manière dont une mère qui apprenait à parler à un enfant plus âgé (deux ans) utilise automatiquement peu de mots dans une phrase et garde une syntaxe très simplifiée[3]. Progressivement, au cours des mois suivants, la mère fait des phrases plus longues et plus complexes au fur et à mesure que l'enfant les assimile, tout en gardant le rythme des possibilités toujours croissantes d'assimilation de l'enfant, mais toujours avec un peu d'avance sur lui.

Le plus frappant lorsqu'on écoute une mère parler à un nourrisson de quelques mois, c'est la manière dont elle parle plutôt que ce qu'elle dit[4]. Tout d'abord, le timbre de la voix est presque invariablement élevé. Il est courant d'entendre une mère (ou un père) réciter de longues tirades dans un registre de fausset. Beaucoup de ces tirades en voix de fausset sont composées de phrases en une langue parfaitement correcte, d'autres peuvent être composées de cris perçants et aigus mélangés avec certains mots. A d'autres moments, pour le plus grand plaisir de l'enfant, la mère passera, quelquefois soudainement, à une fausse voix de basse gutturale. D'autre part, lorsqu'on « fait le sot » dans le registre de la basse, le mélange de mots et de sons d'un type animal peut être merveilleusement divers.

Plus important encore est le point qui a été soulevé précédemment concernant les expressions du visage. La mère exagère l'ampleur de son comportement, en l'occurrence la hauteur de la voix. C'est comme si elle préparait l'enfant, au moyen d'expériences adéquates, à tous les types de sons frappants que les autres êtres humains sont susceptibles d'émettre. La force d'intensité des vocalisations est également exagérée, elle embrasse une gamme de sons allant d'une riche variété de murmures jusqu'à une bruyante simulation d'épouvante ou des exclamations exubérantes. Les changements dans l'intensité des sons sont aussi plus variés et plus spectaculaires que dans un langage normal d'adulte. De même, certains mots ou syllabes sont beaucoup plus accentués. Les différents rythmes ou syncopes qui en résultent, contribuent à la tonalité chantonnante de la plupart des paroles maternelles provoquées par l'enfant. Au-delà des exagérations dans le degré ou durée de la réalisation, la vitesse modifée d'exécution constitue l'autre caractéristique générale des paroles provoquées par l'enfant. Ici, comme dans le cas des expressions du visage, le rythme des événements est quelquefois exagérément accéléré mais généralement il est ralenti. La durée des voyelles est plus longue. Ce comportement banal peut intensifier l'accent placé sur certains mots ou phrases comme dans « Quel bôôôôô petit bébé » ou il peut être utilisé simplement pour souligner l'élément communicatif ou social plutôt que linguistique, comme quand une mère « commente » l'expression du visage d'un petit enfant en disant « aaaa-hooooh ». De la même manière, les vitesses de changement dans le timbre et l'intensité sont généralement plus lentes et résultent fréquemment en de spectaculaires crescendo, décrescendo et glissando. Enfin, les pauses entre chaque émission de sons de la mère sont prolongées; ce qui donne plus de temps pour assimiler ce qui vient juste d'être dit avant l'émission de la communica-

tion suivante. Ceci, cependant, n'est pas nécessairement la raison pour laquelle la mère fait des pauses plus longues. Un dialogue vocal entre une mère et son nourrisson est quelque chose d'inhabituel. Il s'agit plus d'un monologue fait par la mère sous la forme d'un dialogue imaginaire, pour la bonne et simple raison que, bien que l'enfant ne vocalise que rarement en retour, la mère se comporte généralement comme s'il le faisait à chaque fois. La figure 1 illustre ce point. Elle montre la durée moyenne de la vocalisation et de la pause qui s'ensuit dans les situations suivantes :
(a) dialogue d'adulte, (b) vocalisations d'une mère à son nourrisson, (c) vocalisations d'un nourrisson à une mère et (d) combinaison des éléments (a), (b), (c). Pourquoi la mère écourte-t-elle son émission et prolonge-t-elle sa pause lorsqu'elle émet des vocalisations en face de son enfant ? Une explication vraisemblable est que, après avoir parlé, la mère attend la durée moyenne d'une pause d'un dialogue d'adulte (0,60 seconde). Ensuite, elle reste silencieuse pour la durée d'une réponse imaginaire de la part du nourrisson (0,43 seconde) et puis de nouveau, avant de parler, elle attend le temps de la durée moyenne de la pause d'un dialogue d'adulte (0,60 seconde). Si nous admettons cette explication, noux obtenons le temps qui est illustré dans le dialogue imaginaire (d). Les trois pauses combinées (0,60 + 0,43 + 0,60 seconde = 1,63 seconde) équivalent presque exactement aux pauses prolongées que nous observons lorsqu'une mère émet des vocalisations devant son enfant (1,64), comme cela est montré à la ligne (b) de la figure 1.

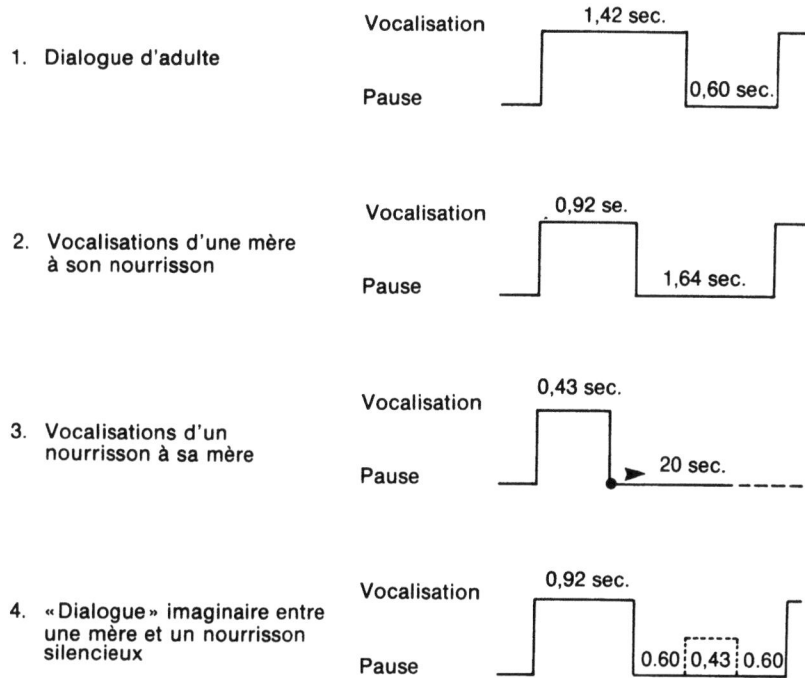

Figure 1. Durée moyenne d'une vocalisation et de la pause qui lui succède dans quatre situations dialogiques différentes.

Un exemple illustre facilement cette situation:
Mère : N'es-tu pas mignon? (1,42)
Pause : (0,60)
Réponse imaginaire de la part du nourrisson : oui (0,43)
Pause : (0,60)
Mère : Mais oui, bien sûr que tu l'es!

Cette situation résulte en partie de ce que l'on observe chez les mères qui orientent vers leur bébé beaucoup de leurs vocalisations sous forme de questions pour lesquelles elles imaginent facilement une réponse. En tout cas, l'enfant est exposé à un modèle temporel d'explosion vocale suivie d'une pause de la part de la mère. Ce modèle fournit à l'enfant de plus petits ensembles vocaux qu'il doit assimiler; il permet une période plus longue d'assimilation de cet ensemble vocal et le met en contact avec un cadre temporel élaboré auquel, plus tard, ses possibilités de dialogue devront se conformer. En d'autres termes, le nourrisson apprend à dialoguer comme dans une conversation normale.

Après tout, on ne peut à la fois assimiler et envoyer une information. Jusqu'ici tout va bien, la mère semble façonner les réponses de l'enfant selon les règles requises pour la bonne marche des véritables conversations qu'il tiendra dans le futur. Mais il reste un autre accroc dans le système de communication vocale entre la mère et l'enfant. Quand nous avons essayé de reproduire les découvertes de Catherine Bateson[5] qui montraient que, en trois mois, les mères et les nourrissons avaient déjà élaboré un modèle de réplique alternative, nous avons effectivement confirmé sa découverte dans quelques cas[6]. Cependant, nous avons découvert également que le modèle de vocalisation le plus commun au cours du jeu était celui où la mère et le nourrisson avaient tendance à ne plus prendre chacun leur tour mais à « vocaliser » à l'unisson, comme animés d'un mouvement commun[7]. De plus, cette vocalisation à l'unisson ou « chœur » — comme Rudolph Schaffer l'appelle pour une période plus tardive[8] — avait plus de chance de survenir au fur et à mesure que l'interaction devenait plus vivante et engageante. Elle semble servir plus comme fonction de liaison que comme échange d'information.

Ainsi, par le biais des expériences portant sur la vocalisation, nous découvrons une fois de plus que la mère et le nourrisson utilisent des modèles différents d'interaction de ceux utilisés ultérieurement au cours du développement. Du côté de la mère, nous retrouvons également de semblables modifications et exagérations dans le temps et le degré des stimuli vocaux fournis au nourrisson, comme ce fut le cas pour les expressions faciales.

Le regard

Ici aussi, les « règles » culturelles adultes qui régissent la manière dont les gens se regardent lors d'une interaction sociale ne sont pas de rigueur quand nous considérons la façon dont les mères regardent leur bébé. La première règle dans notre culture est que deux personnes ne restent pas longtemps à se regarder mutuellement dans les yeux (regard mutuel). Le regard mutuel est un événement interpersonnel puissant qui augmente fortement l'état d'éveil général et suscite des sentiments profonds et des actions potentielles, qui dépendent des deux partenaires et de la situation. Cet échange de regard dure rarement plus que quelques secondes. En fait, deux personnes ne se regardent pas dans les yeux sans se parler pendant plus de dix secondes, si ce n'est quand ils vont se battre ou s'engager dans une relation amoureuse, ou y sont déjà engagés. Il n'en va pas de même entre mère et enfant. Ils peuvent s'immobiliser dans un regard mutuel pendant trente secondes ou plus.

La seconde règle, qui se dégage, concerne la manière dont les adultes coordonnent leur regards et leur dialogues. Généralement (car il y a des exceptions d'ordre ethnique) dans une conversation, l'auditeur regarde le locuteur pour la plupart du temps. Pendant ce temps, le locuteur regarde l'auditeur durant l'instant où il commence à parler. Ensuite, il écarte son regard pendant qu'il continue à parler, et il ne jette plus que des regards occasionnels vers l'auditeur (en vue d'une réponse). Vers la fin de sa réplique, il regarde de nouveau son interlocuteur pour lui signaler qu'il va terminer et qu'il est prêt à lui donner la parole. L'ex-locuteur, devenu maintenant l'auditeur, restera alors à regarder le visage du nouvel orateur[9].

Lors d'interactions ludiques, les mères regardent toujours leur enfant en émettant simultanément des vocalisations. De plus, elles passent plus de 70 % de la durée du jeu à regarder leur nourrisson avec un regard d'une durée moyenne de vingt secondes, ce qui est extrêmement long. Lors du repas, les mères regardent également leur nourrisson environ pendant 70 % du temps de nutrition, mais avec des regards plus brefs d'une durée d'environ 12 secondes[10]. Cependant, pendant le repas, les mères n'émettront pas de vocalisations en même temps qu'elles regardent l'enfant. Comme nous allons le voir, cette combinaison est une invitation trop forte à jouer et elle est susceptible d'interrompre l'alimentation du bébé. De ce fait, pendant qu'elle nourrit son bébé, si la mère le regarde, elle inhibera activement sa tendance à émettre des vocalisations.

En comparaison avec le système des signaux adultes, lors des jeux, la mère regarde comme si elle était l'auditrice, alors qu'en fait, elle est habituellement la locutrice. Durant le temps de nutrition, elle a plus le regard d'une locutrice, mais elle reste calme. On peut se demander comment le nourrisson acquerra les formes élaborées et appropriées du système communicatif humain alors qu'il débute dans la vie exposé à un tel système.

Présentations du visage et autres mouvements de la tête

Il n'y a rien de tel que l'apparition soudaine d'un visage pour attirer et maintenir l'attention. Le « Coucou-beuh ! », un des jeux mondialement connu et préféré des enfants depuis toujours, consiste bien sûr en une succession de disparition et de réapparition du visage. Ce jeu est un appui solide pour attirer l'attention et procurer du plaisir. Les jeux de « Coucou-beuh ! » où la mère utilise un écran (une couverture ou ses mains, disons) pour se cacher et ensuite montrer son visage, débutent vraiment aux environs du quatrième mois au plus tard. Le nourrisson, naturellement, reste un spectateur et la mère est la seule à jouer, jusqu'à une période considérablement tardive. Une forme plus précoce de ce jeu peut être jouée sans l'utilisation d'écrans. Il consiste en une série d'approches du visage tout entier; le visage est tourné par intermittence sur le côté, vers le bas ou vers l'arrière et puis de nouveau le visage tout entier est présenté à peu près à la même distance que lors de la dernière approche. Quand elle essaie de maintenir l'attention ou de procurer du plaisir, beaucoup de mouvements de la tête de la mère se conforment à ce plan élémentaire. Un exemple courant suffira: la mère baisse la tête comme si elle regardait le sol, elle montre ainsi au nourrisson le sommet de sa tête et elle dit quelque chose comme « eeeee-yah » et puis brusquement, elle ramène la tête vers une position face à face, tout en accentuant le « yah ». Ensuite, elle baisse de nouveau la tête et recommence le même manège. Dans cette situation, ce n'est plus la tête qui apparaît et réapparait comme dans le jeu plus formel du « Coucou-beuh ! » mais la présentation du visage tout entier. La consistance et la fréquence de ce genre de séquence sont impressionnantes et s'agencent dans un éventail très large d'activités sociales dans lesquelles la mère engage le bébé. Par exemple, il y a la manière répétitive d'une mère de poser une question: « As-tu faim ? t'as faim, hein ? Oui..., je pense bien que tu as faim ». Chaque fois qu'elle verbalise l'une de ces questions, elle peut amener la tête et le corps vers l'avant et pencher la tête pour montrer tout son visage pendant qu'elle parle. Ensuite, entre chaque question, elle recule et baisse la tête. Chaque question peut être accompagnée d'une approche bien distincte et simultanée du visage.

Ces approches répétées du visage s'intègrent dans des activités récréatives qui en apparence n'ont aucune relation les unes avec les autres. Par exemple, dans le jeu qui consiste pour la mère à faire vibrer ses lèvres contre le ventre du nourrisson, la mère se penche habituellement en arrière après s'être jetée en avant pour chatouiller le ventre puis elle se redresse en présentant le visage (d'habitude, ce visage simule une expression de surprise). Chaque approche du visage ponctue chaque chatouillement, avant que la mère se précipite à nouveau sur le ventre du nourrisson. En fait, en observant le nourrisson, il est souvent difficile de déterminer ce qui lui plaît davantage : le chatouillement du ventre ou l'approche animée du visage.

Ce type de comportement où la mère essaie de maintenir l'attention de l'enfant se caractérise principalement par certaines expressions faciales qui accompagnent les approches en série du visage. Par conséquent, cette série presque continue d'approches du visage exagérément discontinues et ponctuées devient un véhicule pour la présentation séquentielle d'un éventail varié d'expressions faciales. Ces approches faciales diffèrent de celles que l'on observe dans les interactions entre adultes, en ce sens qu'elles présentent des limites plus discontinues et des pauses ou silences comportementaux nettement plus marqués. Ces approches sont également effectuées plus lentement et de manière exagérée à tel point que chaque approche et expression du visage ressort très fortement pour le nourrisson.

Quant aux autres mouvements de la tête, la caractéristique commune qu'on retrouve dans tous les comportements sociaux provoqués par l'enfant — à savoir l'exagération ou l'ampleur de la manifestation — est également de rigueur. Cette caractéristique s'applique à une variété de mouvements de la tête qui rempliront finalement une fonction signal importante: le hochement, le mouvement rotatif, le balancement d'un côté à l'autre, et le détournement de la tête, dans des proportions souvent théâtrales.

Distance intime

Parmi les adultes et les enfants, il existe une entité appelée l'espace interpersonnel. Pour simplifier les choses, disons que chacun de nous circule entouré par une « bulle » psychologique située à une certaine distance de son corps; si la bulle est percée par quelqu'un qui est venu trop près et qui l'a « pénétrée », cela nous amène à éprouver un manque de confort et habituellement à nous écarter. La distance intime dans notre culture est à peu près de 60 centimètres quand on est dans une position face à face. Bien sûr, on peut rencontrer de grandes différences individuelles et des différences culturelles encore plus grandes. Néanmoins, le phénomène existe dans toutes les cultures. Il n'y a que dans le cours d'une interaction intime que la violation de la distance soit attendue, acceptée et même agréable.

La plupart des adultes, même des gens tout à fait étrangers à l'enfant, se comportent comme si cette barrière de distance intime n'existait pas chez les bébés ou chez eux, vis-à-vis des bébés. Dès la première rencontre avec le nourrisson, ils se précipitent sur lui et recherchent un contact nez à nez. Beaucoup d'adultes, comme certaines tantes par exemple, qui ne sont pas appréciées par les nourrissons pour des raisons qu'on ignore, sont souvent connues pour ce genre de comportement, au grand désarroi du nourrisson et de la mère. Bien plus, elles ignorent habituellement tout de l'effet qu'elles viennent de produire.

Les nourrissons n'aiment pas qu'on empiète sur eux de cette manière. Il y a une littérature abondante au sujet de la réponse aversive des nourrissons devant des objets qui surgissent devant leur visage, et pas mal de preuves suggèrent que cette réaction est innée, dérivée de réflexes qui se sont développés par besoin vital de protéger le visage et les yeux [11]. Or, les mères ne montrent guère de respect à l'égard de cette réaction du nourrisson. Beaucoup d'approches faciales de la mère, mouvements de la tête, attouchements et jeux font allègrement fi des réactions d'autoprotection ébauchées par l'enfant (qui peuvent être considérés comme un signe avant-coureur de son développement d'une barrière spatiale intime). La mère peut rapidement se précipiter sur le nourrisson pour l'embrasser ou faire semblant de lui mordre le nez, puis reculer pour être hors de la barrière intime; ensuite elle revient, surgit de plus près tout en effectuant quelques expressions faciales et en émettant des sons qui fixent son attention visuelle de telle manière que la réponse imminente est inhibée ou du moins n'est pas réalisée. Cette violation constante, de la part des mères, des conventions spatiales adultes peut avoir un impact sur la préparation du nourrisson à tolérer ou même plus, à s'engager socialement à l'intérieur d'une distance intime. Plus tard, des comportements affectifs tel qu'embrasser sa maman ou se blottir dans ses bras, peuvent en partie dépendre du dénouement heureux de ces premières expériences.

Intégration de conduites séparées

Les conduites séparées qui viennent d'être décrites sont généralement provoquées dans un seul et même système coordonné. La mère réalise une expression faciale, tout en émettant des vocalisations et en regardant son enfant, le tout étant accompagné de mouvements discontinus de la tête. Pour un observateur et peut-être un nourrisson, cet événement multi-modal est vécu comme une seule unité communicative ou expressive. Néanmoins, elle peut effectuer chaque élément isolément, bien que cela soit rare. Cependant, pour mieux comprendre comment et jusqu'à quel point chaque élément comportemental influence l'enfant, il serait intéressant expérimentalement de présenter isolément chaque élément ou même de présenter les éléments séparés recombinés de manières différentes.

Mes premières tentatives, grossières, pour réaliser de telles expériences furent des échecs complets mais néanmoins instructifs. Nous avions demandé à une mère de produire pour nous quelques expressions faciales types, pendant que le nourrisson ne la regardait pas, ou de les orienter légèrement (à 45°) à l'écart du nourrisson; elle se sentait alors embarrassée ou ridicule et ses grimaces provoquaient le plus souvent un rire général. Quand nous avons demandé à une autre mère de parler à son enfant comme si elle était en train de le regarder, nous avons constaté que son attitude était gauche et guindée. Enfin, lorsque nous avons demandé à des mères de regarder leur enfant mais sans parler ou mouvoir le corps ou le visage, ce comportement provoqua le désarroi auprès des mères et des enfants et même auprès des chercheurs.

Nous avons donc abandonné cette forme d'expérience. Cependant, d'autres chercheurs en laboratoire ont combiné plusieurs de ces manipulations expérimentales des stimuli distincts fournis par la mère. J'en mentionne deux car elles soulèvent un point important.

E. Tronick et ses collègues ont demandé à une mère d'alterner son comportement entre des attitudes faciales et vocales normales et une attitude figée et silencieuse, tout en maintenant son regard sur le bébé. La principale réaction du nourrisson fut la détresse et l'aversion vis-à-vis de ce visage figé[12]. (Avant de se retourner, l'enfant essaya de séduire sa mère, afin qu'elle fasse quelque chose). Nous voyons donc ici combien il est artificiel, aussi bien pour le bébé que pour la mère, d'inhiber un ou plusieurs éléments particuliers du déploiement intégré des conduites sociales simultanées.

L'autre expérience fascinante tente de répondre aux questions suivantes :

1° le nourrisson prévoit-il la manière par laquelle les différents stimuli émanant de la mère s'agenceront l'un à l'autre ?

2° y a-t-il dans le monde humain, des éléments qui vont de pair et le cas échéant lesquels ?

La question était de savoir quand la voix d'une mère est supposée venir du même endroit ou de la même direction que sa bouche ou son visage. Les chercheurs trouvèrent un arrangement ingénieux. Ils installèrent la mère derrière une vitre insonorisée mais toujours dans le champ visuel de l'enfant. Ils la firent parler dans un micro relié à deux hauts parleurs situés de part et d'autre de l'enfant; de cette façon, la voix semblait venir de n'importe quelle direction, éloignée jusqu'à 90° de chaque côté du visage de la mère en faisant varier différemment l'intensité de chaque haut-parleur. A trois mois (mais pas avant), les enfants s'inquiétèrent beaucoup lorsque la voix de la mère venait d'une direction éloignée de plus de 15° de la position de son visage [13].

Les visages et leurs voix devraient « aller ensemble » ou plutôt provenir du même endroit. Sans doute, il y a beaucoup d'éléments semblables qui devraient « aller ensemble », que nous, adultes, considérons comme faisant normalement partie du monde du comportement humain — disons, par exemple, certains types de vocalisations et d'expressions. En fait, pour les adultes, beaucoup des nuances dans l'expression résultent de l'omission d'un ou plusieurs éléments attendus dans un ensemble de comportements qui constituent une manifestation anticipée et connue. Le nourrisson, cependant, doit d'abord acquérir l'expérience et la connaissance d'un répertoire fondamental des manifestations expressives. La manière caractéristique dont la mère réalise et intègre ces conduites séparées accélère ce processus d'apprentissage.

Durant les six premiers mois de la vie, le nourrisson commence à poser les bases d'un de ses domaines de connaissances les plus développés; il assimile les signaux et les expressions du comportement d'autres gens. A la fin de cette courte période de sa vie, il sera capable de discriminer beaucoup des expressions fondamentales chez l'homme. En plus, il connaîtra déjà les conventions et signaux de base qui règlent le flux d'une interaction vocale.

Pourquoi les bébés provoquent-ils des conduites privilégiées?

Cette question soulève le délicat problème de savoir dissocier l'inné de l'acquis. Chaque fois que nous observons un ensemble de conduites qui est probablement utilisé par toutes les sociétés dans une situation humaine particulièrement naturelle et que des milliers de générations ont façonné, au cours de l'évolution, dans un but adaptatif, on peut se demander jusqu'à quel point son acquisition est bâtie sur une base biologiquement innée. Nous ne pouvons proposer qu'une tentative de réponse. Certainement, la vue d'un bébé n'est pas un « déclencheur » inné au sens le plus strict du terme tel qu'il est utilisé par ceux qui étudient le comportement animal, et qui chez l'adulte évoque presque invariablement un modèle comportemental fixe. Pourtant, quelquefois, il semble que cela soit le cas. D'autres auteurs (comme Decarie) ont remarqué la manière dont certaines personnes (habituellement de sexe féminin) semblent presque irrésistiblement attirées par des voitures d'enfants dans les parcs ou dans les rues pour le plus grand amusement ou agacement de la mère; elles « fourrent » leur visage dans le landau et se lancent dans la réalisation maximale de ces comportements sociaux provoqués par l'enfant. Pourtant, certains adultes ou parents agissent de la sorte dans une moindre mesure que d'autres. Certains agissent ainsi uniquement avec leurs propres enfants mais rarement avec ceux des autres. Certains parents possèdent un répertoire plus ou moins complet de ces comportements. D'autres montrent des degrés plus ou moins élevés dans l'intensité de leur expression. Certains sont plus habiles dans une modalité, disons, par exemple, plus dans les vocalisations et moins dans les grimaces. Pourtant, malgré cette variabilité, qui dépend en grande partie de la personnalité du nourrisson, une certaine forme de ces comportements est présente chez presque toutes les mères. Il est très rare de trouver une mère qui se comporte toujours avec son bébé comme avec un adulte; une telle attitude serait inefficace et en fait même repoussante ainsi que nous allons le voir.

Nous parlons souvent de manière imprécise de quelqu'un qui agit « naturellement » avec les nourrissons. C'est une impression qui est vite ressentie et qui se base habituellement sur l'évaluation d'au moins trois éléments : l'étendue de leur répertoire de comportements sociaux provoqués par l'enfant ; la manière de réaliser ces conduites (richesse, variété et abondance des manifestations) et la subtilité du timing de ces comportements (de manière à ce qu'ils soient les plus efficaces).

L'expression « provoqué par l'enfant » est complexe. Je ne veux certainement pas dire que les comportements des mères sont strictement déclenchés, ni qu'une grande variabilité ne s'y rencontre pas. Je veux simplement dire que la tendance principale pour la plupart d'entre nous tous est de répondre d'une manière assez stéréotypée et prévisible.

« L'état de bébé »

Il y a trois décennies, Konrad Lorenz suggérait que si les tout petits, de quelque espèce que ce soit, exigeaient une expérience parentale particulière pour leur procurer la socialisation indispensable à leur survie, ils possédaient sûrement certains moyens pour déclencher ce type de comportement parental. La survie des espèces en dépendait. Il proposait que l'un des moyens possibles était, pour les plus jeunes, d'être différents des membres mûrs de l'espèce. Les caractéristiques physiques qui distinguaient les jeunes des plus âgés devaient servir de déclencheur inné de l'activité parentale. De plus, il affirmait même que les différences physiques entre les plus jeunes et les plus âgés sont remarquablement similaires dans beaucoup d'espèces et qu'elles exigent un comportement spécial de soins pour promouvoir la socialisation et donc la survie (par exemple : chez les chiens, les chats, les oiseaux et également chez l'homme).

Il appela « état de bébé » l'ensemble des caractéristiques distinctives des petits. Les voici : une tête relativement grosse par rapport à la taille du corps, un grand front saillant qui contraste fortement avec les traits plus discrets du visage, de grands yeux comparés à la dimension du visage, les yeux situés en dessous de la ligne médiane horizontale du visage et des joues rondes et saillantes.

Lorenz et Eibl-Eibesfeldt ont ajouté que ces critères de « l'état de bébé » sont essentiellement les mêmes pour toutes les espèces mentionnées et que cela pourrait expliquer le désir qu'ont les humains de caresser les jeunes animaux. Ces remarques pourraient également expliquer pourquoi les bébés animaux peuvent provoquer un comportement semblable à celui que nous réservons à nos nourrissons. Eibl-Eibesfeldt fait remarquer également la manière dont le monde commercial exploite les attraits caractéristiques des bébés en exagérant dans les dessins animés, les affiches, ou sur les cartes postales, la grandeur des yeux, la rondeur des joues pour accroître ces attraits. Cette observation est importante d'un point de vue clinique, car la société a ainsi une certaine latitude dans l'établissement de critères idéalisés d'un enfant attirant, comme c'est le cas pour les critères de la beauté adulte.

L'aspect physique de l'enfant n'est cependant pas la seule cause de réaction chez la mère. Il y a aussi ce que le nourrisson exprime par la configuration de ses traits physiques et par ses mouvements expressifs : il sourit d'une manière particulière, ses yeux s'illuminent de plusieurs façons, il ouvre grand la bouche, jette la tête en arrière en tirant la langue. Dans une série d'observations, cette dernière attitude s'avéra plus efficace que le sourire pour susciter chez les mères, une succession de comportements sociaux modulés positivement. Pour tester l'efficacité de cette attitude, demandez à quelqu'un d'ouvrir grand la bouche, de tirer la langue pendant qu'il vous regarde et de relever la tête brusquement tout en avançant dans votre direction (ou faites l'expérience vous-même en vous regardant dans un miroir). Selon la personne, ce comportement suscite différentes sensations qui vont du dégoût à l'excitation sexuelle mais dans tous les cas, il est efficace. Mais quand une telle attitude provient d'un nourrisson, elle provoque presque toujours des sensations positives auprès des mères.

En tout cas, les conduites motrices des enfants sont tout aussi capables que les configurations anatomiques statiques de provoquer biologiquement ce sous-ensemble de comportements dont nous parlons. Une étude plus approfondie est nécessaire pour voir dans quelle mesure cette capacité qu'ont les nourrissons de provoquer certains comportements est biologiquement prédéterminée et également pour déterminer le rapport existant entre leur apparence extérieure et leur comportement.

Qui exécute ces comportements ?

La liste des « acteurs » est longue : les mères et les pères, naturellement ; les parents avec leur premier enfant, les suivants et le dernier ; les grands-parents et arrière-grands-parents ; les adultes sans enfants et les adolescents des deux sexes ; les enfants prépubères des deux sexes avec ou sans frère ou sœur plus jeunes. Nous voyons que l'apprentissage à partir d'une expérience antérieure avec des nourrissons est relativement peu importante. Ces comportements ne sont pas du seul ressort d'un même sexe. Il n'existe pas de période évolutive spécifique — comme par exemple de la puberté à la ménopause — durant laquelle ces comportements sont provoqués par un processus biologique ou hormonal et en dehors de laquelle ils ne peuvent être adoptés. A l'inverse de certaines espèces animales où un membre de l'espèce est biologiquement préparé à atteindre ce but pendant une période bien donnée, cette capacité particulière s'étend chez l'homme pour inclure presque tous les membres à la fois mâles et femelles de l'enfance moyenne jusqu'à la vieillesse. De ce fait, nous possédons une flexibilité énorme (les autres contraintes étant exclues) à institutionaliser en nombre quelconque des groupements sociaux prêts à se substituer au rôle biologique de la mère, ou simplement et plus communément, pour l'aider à fournir une stimulation sociale appropriée aux nourrissons durant les six premiers mois de la vie. (Même avant l'avènement du biberon, il n'y avait pas de raison majeure pour que la personne qui donnait le lait soit la même que celle qui fournissait la stimulation sociale, et en fait tel fut le cas dans beaucoup de groupes sociaux). Comme ces comportements requièrent peu d'apprentissage et de pratique, il nous permettent d'avoir recours à une large variété de membres de la société et ce, à n'importe quel moment pour n'importe quelle circonstance, puisqu'ils sont tous capables de provoquer des stimulations sociales chez les nourrissons.

Ceci dit, je compliquerai un peu les choses en réfutant une partie de ce que je viens d'affirmer. Il s'agit ici de deux questions qui n'ont reçu qu'une réponse partielle. A quel moment de leur enfance les enfants se montrent-ils pour la première fois capables d'exécuter ces comportements ? Ce sous-ensemble de comportements se réveille-t-il plus facilement chez les filles et les femmes et si tel est le cas, pourquoi ?

Commençons par la première question. W. Fullard et A.M. Relling ont essayé de découvrir à quel âge on commençait à préférer regarder le visage d'un nourrisson plutôt que celui d'un adulte [14]. Ils montrèrent deux diapositives, l'une d'un adulte et l'autre d'un nourrisson à des hommes et des femmes entre sept ans et l'âge adulte. Les deux diapositives (montrées simultanément) comprenaient des visages d'animaux jeunes et adultes aussi bien que des visages humains de nourrissons et d'adultes. Les sujets devaient simplement dire quels visages ils préféraient. Il s'avéra que les filles commençaient à préférer les visages de nourrissons (aussi bien humains qu'animaux) entre l'âge de douze et quatorze ans et qu'elles gardaient cette préférence jusqu'à l'âge adulte. Les garçons commençaient à subir le même changement de préférence environ deux ans plus tard que les filles mais dans une moindre mesure, c'est-à-dire qu'ils réagissaient dans les mêmes rapports que les hommes comparés aux femmes.

Puisque cet âge (entre 12 et 14 ans) correspond plus ou moins à la puberté chez les filles (les garçons arrivant à maturité environ un an plus tard), ces recherches expliquent ce changement de préférence par des transformations biologiques ou plus spécifiquement hormonales. Les auteurs sont néanmoins prudents en faisant remarquer que toute une variété de facteurs sociaux en mesure d'influencer une telle préférence entrent en jeu à ces âges.

Jusqu'ici, il n'existe pas d'étude définitive concernant l'âge à partir duquel les enfants sont en mesure d'effectuer une version reconnaissable de ce sous-ensemble de comportements. Mais beaucoup de preuves anecdotiques suggèrent qu'ils surviennent très tôt au milieu de l'enfance. Une étude préliminaire que nous avons menée suggère que les garçons et les filles à l'âge pourtant précoce de six ans (donc longtemps avant que les effets biologiques de la puberté n'entrent en jeu) adoptent de tels comportements envers des nourrissons et encore plus envers des bébés animaux. Leur répertoire apparaît relativement limité mais il inclut au moins l'élévation du timbre de la voix, les vocalisations répétitives, l'utilisation d'un langage simplifié, le regard prolongé, des grimaces telles que l'élévation des sourcils et les lèvres en saillie, et toute une variété de comportements attendrissants comme se blottir, caresser et embrasser. Beaucoup de ces comportements violent impunément les limites de la distance intime. Il est intéressant de noter que ces comportements ne sont pas nécessairement présents ou même marqués dans les jeux de poupées où, dans la plupart des cas, la majeure partie du temps est consacrée à imiter les comportements des parents tels que nourrir, changer, donner un bain, réprimander un bébé, plutôt qu'à des interactions purement sociales bien qu'imaginaires avec un partenaire inanimé.

Il semble probable, dès lors, que les comportements sociaux provoqués par le nourrisson apparaissent chez les enfants longtemps avant la puberté. Quant à voir s'ils utilisent cette capacité et à quel moment? C'est ici que l'on peut établir quelques rapports avec des observations de la vie quotidienne d'un nourrisson parmi les Boschimans dans le désert du Kalahari. Dans cette société, les mères portent leur nourrisson en bandoulière, si bien que la mère est de profil par rapport à l'enfant qui repose sur sa hanche. Dans cette position, la mère et le nourrisson ont peu de contacts face à face ou encore, peu d'interactions ludiques durant la majeure partie de la journée de travail. Mel Konner, qui a étudié ces peuplades, mentionnait que l'une des sources de stimulation sociale pour le nourrisson qui se trouvait dans cette position, provenait des enfants prépubères — habituellement des filles —

qui fréquemment accouraient vers l'enfant pour une série d'échanges rapides et animés mais non soutenus et qui comprenaient l'exécution de certains de nos comportements fondamentaux [15]. De plus, il s'avère que le nourrisson dans la bandoulière se trouve presqu'à la hauteur des yeux de ces enfants prépubères; la situation idéale pour promouvoir l'interaction sociale.

Notre seconde question, qui était restée sans réponse, concerne l'opposition entre hommes et femmes. Il est tout à fait évident que dans notre culture, nonobstant les différences biologiques, les femmes semblent avoir un plus grand empressement à répondre à l'« état de bébé » en laboratoire et aux nourrissons dans la vie quotidienne. Elles ont également un répertoire plus étendu et plus riche de comportements sociaux que peut provoquer l'enfant et sont moins inhibées pour le manifester. Nous ignorons si un apprentissage, un modelage et des conditions sociales d'une nature différente équilibreraient ou renverseraient cette situation. Aucune société, pour autant qu'on sache, n'a encore essayé.

En résumé, le tableau se présente de la manière suivante: les variations dans les comportements sociaux orientés vers ses pairs, que j'appelle les comportements sociaux provoqués par le nourrisson, sont déjà présentes vers le milieu de l'enfance. Ces comportements peuvent être adoptés par des garçons et des filles dès l'âge d'environ six ans. Cependant, ce n'est qu'après l'apparition des changements biologiques et sociaux de la puberté que se manifeste une préférence ou peut-être une « pulsion » à choisir et bien souvent à rechercher des nourrissons pour qu'il suscitent ces comportements particuliers. Donc à l'âge de la nubilité, le répertoire comportemental approprié qui était présent mais partiellement à l'état latent reçoit l'élan nécessaire. Les facteurs culturels qui poussent les femmes à adopter ces conduites sont si variés et si répandus dans notre société qu'il a été impossible d'isoler des facteurs biologiques bien déterminés qui conduisent à un comportement différentiel.

En tout cas, les hommes, les enfants et tous les adultes qui ont dépassé l'âge d'élever des enfants sont disponibles en tant qu'agents secondaires aptes à apporter des soins aux nourrissons. Potentiellement, ils peuvent également être les personnes à qui cette tâche incombe à titre principal si le groupe ou la société, ou les impératifs de survie le commandent.

Un problème clinique

En tant que tout jeunes parents, nous sommes biologiquement (et culturellement) prédisposés à répondre à un nouveau-né normal, à sa configuration faciale et à ses conduites. Mais supposons que ce que nous voyons ne corresponde pas à ce que nous attendions. Supposons que le bébé soit né avec une difformité à la tête, au visage, aux yeux, ou à la bouche qui rompe la configuration. Les parents ressentent alors souvent une interruption ou une inhibition partielle lorsqu'ils désirent vraiment entrer en contact avec leur enfant. Une chose semblable peut survenir d'une manière plus commune et sous une forme beaucoup plus atténuée. Supposons que le nouveau-né soit simplement laid comparé à la norme généralement attendue. Ce qui constitue la «laideur» chez un bébé est tout à fait contradictoire à l'idéal que l'on se fait d'un bébé: le sourcil bas (le front large et saillant n'est pas présent), des petits yeux, etc... Ces réalités sont fondamentales pour les parents et elles peuvent les choquer. Les questions de beauté et de laideur sont en partie des sujets tabous mais ils sont susceptibles de provoquer de la peine chez les parents. Le plus souvent, ce problème n'est jamais mentionné ou il est écarté sous forme de plaisanterie et ne constitue qu'un obstacle temporaire à un amour total pour le nourrisson. L'infirmière ou le docteur sensible est conscient de ces sentiments et en tient compte en agissant avec beaucoup de tact pour le soulagement des parents.

Un autre regard du côté de notre histoire évolutive peut à nouveau se révéler bien utile ou du moins provocateur. Beaucoup de mères chez les animaux, y compris celles qui sont considérées comme des mères exemplaires selon leurs propres critères, sont biologiquement prédisposées à procurer des soins maternels aux nouveaux-nés. Néanmoins, elles inhibent leurs comportements maternels (ou instinct si vous préférez) et laissent mourir les rejetons qui ne paraissent pas suffisamment normaux. Un comportement similaire nous a été rapporté de plusieurs sociétés dites primitives. L'avantage pour la survie des espèces est manifeste, malgré l'horreur qu'un tel acte évoque en nous.

Nous avons eu recours à cet exemple désagréable pour nous demander si les mères qui sont confrontées avec un nourrisson difforme (même très légèrement) ne sont pas les victimes non consentantes d'une inhibition involontaire de leurs soins, une inhibition (même courte et temporaire) dont elles sont les légataires inconscientes de l'évolution. Quelles qu'en soient les raisons, ces réalités et sentiments existent et ils méritent une plus grande attention.

Jusqu'ici, dans ce chapitre, nous avons observé les comportements sociaux provoqués par les nourrissons et avons étudié différents aspects de leur nature, de leur origine possible et de leur évolution chez différentes personnes ou dans différents peuples. Revenons-en maintenant à la raison principale qui nous a amenés à nous concentrer sur ces comportements. Ces comportements sont les instruments les plus importants de la mère pour lui permettre de régler son rôle dans l'interaction. Par «régler», j'entends commencer, maintenir, moduler et terminer une interaction aussi bien qu'ajuster constamment le niveau d'attention, l'éveil et le ton émotionnel du nourrisson. La manière dont elle règle ses comportements pour créer différents tempos, thèmes et variations sur les thèmes, aidera l'enfant à comprendre la communication humaine et l'expressivité émotionnelle.

Avant d'étudier ces questions, nous devons d'abord nous tourner vers le nourrisson et examiner le répertoire de ses comportements. Après tout, nous discutons d'une interaction entre deux personnes qui n'est compréhensible qu'en tant que relation «dyadique».

Chapitre 3
Le répertoire de l'enfant

L'enfant vient au monde muni d'une faculté extraordinaire à établir des contacts humains. Tout d'abord, il participe immédiatement à la création de ses toutes premières relations. Son équipement social, bien qu'extraordinaire, est manifestement immature. Cependant, on confère à la notion d'« immaturité » une trop grande importance, ce qui constitue un obstacle à toute objectivité scientifique. La notion d'« immature » n'est pas une raison suffisante pour négliger un comportement avant que celui-ci n'arrive à maturité. Elle ne peut pas non plus nous inciter à tout concentrer sur le processus d'évolution lui-même, qui consiste en ces mystérieuses séries de transformations qui mènent à la maturité. En fin de compte, chaque être humain est simplement ce qu'il est au moment où nous l'abordons. Le comportement d'un bébé de trois mois est tout à fait mûr et parfait pour un bébé de son âge. Et ceci est vrai à deux ans, dix ans, vingt ans. Vous pouvez vous arrêtez où vous le désirez suivant les capacités humaines qui présentent un intérêt particulier ou qui font l'objet d'un examen minutieux.

En adoptant cette position relativiste, je ne veux pas minimiser l'importance du développement et de la croissance. Mais lorsqu'il s'agit avant tout d'étudier l'interaction entre deux personnes (la manière dont celle-ci se déroule), le degré de maturité des deux partenaires est secondaire. Plus important encore, quoiqu'une mère comprenne pertinemment bien que son enfant n'est pas mûr et qu'elle souhaite très souvent qu'il grandisse plus vite, elle ne peut établir une relation complète et spontanée avec lui que si elle fait abstraction de ces deux éléments. Comme toute autre personne importante dans la vie de la mère, l'enfant est ce qu'il est, réagissant avec ce qu'il a, au moment où on l'aborde.

Quels sont donc les « moyens sociaux », les capacités motrices et perceptives qui lui permettent de prendre part à des échanges sociaux ? Ma liste ne sera pas exhaustive et ne cataloguera pas tout ce qu'un enfant peut faire ou percevoir. Au contraire, elle insitera seulement sur les éléments qui favorisent l'établissement des relations humaines, des communications, des échanges émotionnels durant les interactions sociales des six premiers mois de la vie, lorsque l'univers de l'enfant est tellement concentré sur le monde des stimuli humains de la personne qui le prend en charge.

Le regard

Qu'est-ce qui attire le regard de l'enfant ?

Il y a seulement dix ans que l'on a commencé à considérer l'importance du regard en tant que comportement fondamentalement social. Le système moteur visuel (pour regarder et voir) opère immédiatement dès la naissance. Le nouveau-né non seulement peut voir, mais parvient, grâce à certains réflexes, à suivre et à fixer un objet. Sans aucune expérience antérieure, il peut suivre des yeux et de la tête et contempler un objet en mouvement. Ceci peut être facilement démontré chez les plus vifs des nouveau-nés. Beaucoup d'entre eux, dès les premières minutes de leur naissance suivent des yeux et de la tête, d'une manière alerte, un objet passant dans leur champ de vision. Aucun apprentissage n'est nécessaire. Mais que voient-ils? Il existe une différence tout aussi importante entre regarder et voir qu'entre écouter et entendre.

Le nouveau-né est-il immédiatement inondé par un monde chaotique et accablant? Un monde composé de lumière, d'ombres, d'angles, de lignes et de formes mais sans objets significatifs, ni moyens de savoir où les objets commencent ou finissent et sans possibilité de distinguer l'humain de l'inanimé? Cette vision du monde est très possible. René Spitz, dans son livre *La première année de la vie* décrit les découvertes fascinantes d'un chirurgien, Von Senden. Ce dernier eut la chance de pouvoir opérer de la cataracte des adultes aveugles depuis leur naissance mais dont le système visuel était par ailleurs parfait. Les résultats furent étonnants. Les malades qui pouvaient voir pour la première fois, en fait, ne voyaient rien. La plupart d'entre eux « voyaient » très bien mais trouvaient le monde visible déroutant, absurde et ce fut, pour eux, une expérience sensorielle très pénible. Beaucoup d'entre eux souhaitaient être à nouveau aveugles. Ce n'est que très progressivement que les objets du monde visuel commencèrent à altérer leur conceptions et schémas antérieurs, qu'ils avaient établis grâce à leurs autres sens durant les années de cécité et en même temps à s'y conformer. Une « vision » confortable se forma graduellement.

Pourquoi n'en va-t-il pas de même pour un nouveau-né ? Tout d'abord, l'enfant ne naît évidemment pas avec des notions innées du monde des objets. Tout est nouveau. Il n'y a pas de conceptions innées, ni de systèmes établis se heurtant à des sensations visuelles. Il n'y a ni désaccord pouvant le désorienter, ni estimation douloureuse. Le bébé a tendance à rechercher la stimulation et tout en lui est conçu de manière à ce qu'il ordonne ses expériences en hiérarchies progressivement plus larges et plus complexes. Sa nature est ainsi faite. Tant qu'il n'est pas submergé par les stimuli, l'enfant aborde sa tâche importante avec intensité et plaisir. Donc, au lieu de devoir réorganiser le monde des objets comme le firent les malades de Von Senden, il doit lui donner une forme entièrement nouvelle, tâche plus extraordinaire encore mais moins embarrassante. Chaque enfant doit créer dans son propre esprit des images du monde des objets et des hommes.

Ceci rappelle l'idée, aujourd'hui abandonnée, que l'enfant est une page vierge que viendront imprimer les différentes expériences de la vie. Ce n'est pas le cas, et ce n'est pas ma conception. L'enfant vient au monde muni de prédispositions perceptives innées, de patrons moteurs, de tendances cognitives, et de capacités d'expression et peut-être d'identification émotionnelle. Cependant aucune de ces structurations innées du monde n'est assez fixe ni assez spécifique pour que le nouveau-né rencontre la même confusion que les malades qui voyaient pour la première fois.

L'enfant peut être facilement submergé par une stimulation excessive. Toutefois, la nature l'a enveloppé d'un cocon protecteur : l'attention que lui porte sa mère ; d'une part, elle le protège d'une stimulation excessive et d'autre part, elle l'expose à une stimulation suffisante émanant du monde visuel. Un des premiers facteurs qui assure cet équilibre est que l'enfant ne peut percevoir parfaitement que des objets situés à une distance de vingt centimètres. Il ne peut distinguer nettement les objets situés en deçà et au-delà de la «distance focale», objets qui, dans un tel cas, lui apparaissent flous. De cette manière, son champ visuel précis est donc réduit à un périmètre de plus ou moins vingt centimètres. L'enfant détournera la tête s'il voit une lumière trop vive à bonne distance. Cependant, il ne sera pas affecté par la plupart des autres phénomènes visuels en dehors de son champ de vision.

Pendant les premières semaines qui suivent sa naissance, la plus grande partie du temps d'éveil de l'enfant est consacrée à le nourrir, ensuite à le langer ou le baigner. Que verra-t-il? On a remarqué que lorsqu'une mère donne le sein à son enfant, ou lorsqu'elle le nourrit au biberon, les yeux de l'enfant sont à peu près à une distance de vingt centimètres de ceux de sa mère (si celle-ci se trouve en face de lui)[1]. Nous avons remarqué que, lors de l'allaitement, les mères consacraient soixante-dix pour cent de leur temps à regarder leur enfant. Par conséquent, tout porte à croire que l'enfant regardera le visage de sa mère et surtout ses yeux. (Plusieurs théories antérieures prétendaient que la première chose importante que l'enfant voyait était le sein. C'est certainement faux, puisque lors de l'allaitement, le sein est trop près pour être perçu nettement. Donc, étant donné cette conformation anatomique, la position du bébé et la capacité visuelle dont la nature l'a doté, toute l'attention du nourrisson converge vers le visage de sa mère qui est le premier point de mire important pour la construction de son monde visuel.) C'est aussi l'étape initiale de l'établissement des premières relations humaines.

D'autres preuves indiquent également l'importance du regard dans l'établissement des premières relations humaines. Ahrens et Spitz constatèrent que les enfants de plus ou moins trois mois montraient plus d'intérêt et souriaient plus à un visage vu de face qu'à un visage vu de profil ou à d'autres objets[2]. Ils firent cette constatation au cours de l'expérience suivante : on a montré à des enfants des dessins représentant diverses formes, parmi lesquelles figuraient des visages et divers objets. Les enfants semblaient préférer des dessins de visages en deux dimensions. En outre, les traits faciaux principaux qui expliquent leur préférence étaient deux gros points ressemblant à des yeux, placés à égale distance au milieu d'une forme ovale. Ces constatations amenèrent beaucoup d'expérimentateurs à penser que l'enfant naît avec une préférence innée pour le visage humain ou du moins pour certains de ses traits.

Une prédilection innée pour une forme visuelle spécifique n'est pas une mince affaire. Elle implique que certains schèmes ou « images » d'un visage humain sont codifiés dans nos gènes, renvoyés dans le système nerveux et se manifestent finalement dans notre comportement sans apprentissage préalable ni spécifique. La controverse était lancée et fut bientôt réduite à cette question : est-ce la conformation spécifique du visage, « Face Gestalt », qui intéresse tellement l'enfant ou bien est-ce n'importe quel stimulus visuel de la même importance présentant la même angularité, les mêmes contrastes d'ombres et de lumière, la même complexité de forme, le même caractère curviligne, etc. ? Grâce aux premiers travaux ingénieux de Fantz et d'autres, on est parvenu à découvrir exactement ce qui attirait le regard des enfants[3].

Il fut un temps où certaines expériences appuyaient le triomphe de l'inné sur l'acquis, tandis que d'autres révélaient le contraire. Les études de Friedman, de Haaf et de Bell apportèrent la solution en contrôlant séparément les différents éléments du stimulus tels que la complexité et le contraste des ombres[4]. Ils découvrirent que la préférence n'allait pas à la conformation du visage en elle-même mais plutôt à n'importe quel stimulus visuel présentant certaines quantités et qualités des éléments mentionnés du stimulus, que cette association d'éléments ait la forme d'un visage ou de toute autre chose. D'un certain point de vue, la distinction est assez importante en raison de ses implications. Cependant, d'un point de vue pratique, celle-ci est discutable. De tous les objets de l'univers qu'un enfant « normal » est censé rencontrer dans un environnement « normal », le visage humain semble fournir la combinaison idéale des éléments captivants qui forment un stimulus. De plus, l'intérêt particulier que représente ce stimulus est fondé sur une base biologique en vertu des prédispositions innées de l'enfant à réagir à certains types et à certaines quantités de stimulation. Il s'agit là d'un phénomène d'innéité en quelque sorte sous-jacente. D'autres études ont prouvé que les angles aigus que forment les coins des paupières, ainsi que les contrastes d'ombres et de lumière de la pupille et du blanc de l'œil (la sclérotique), des sourcils et de la peau fascinent tout spécialement l'enfant. Dès son plus jeune âge, l'enfant est donc « destiné » à trouver le visage humain fascinant et la mère doit rendre son visage, déjà très « intéressant », aussi attrayant que possible.

Un changement dans le regard

Vers la sixième semaine, le système moteur visuel de l'enfant atteint un stade supérieur de développement et de ce fait, l'interaction sociale avec la mère atteint, elle aussi, un autre niveau. Ce qui se passe est très subtil. L'enfant est maintenant capable de fixer et de soutenir le regard de sa mère, ses yeux peuvent s'élargir et devenir de plus en plus brillants[5]. Quant à la mère, elle a, pour la première fois, l'impression que son enfant la regarde, même plus, qu'il la regarde dans les yeux. L'effet peut être spectaculaire. La mère peut se rendre compte qu'elle et son bébé sont enfin « liés ».

Pour la première fois, ou du moins d'une manière plus intense qu'auparavant, la mère sent que son bébé est un être humain très sensible et qu'ils sont en étroite relation. La plupart du temps, les mères ne ressentent pas ce changement. Au mieux, les plus observatrices diront que leur enfant les regarde différemment. En tout cas, c'est à dater de ce moment que le comportement de la mère devient nettement plus social sur le plan verbal, sur le plan facial et pour tous les autres genres d'attitudes mentionnés plus haut. A partir de ce moment auront lieu, entre les deux partenaires, de véritables interactions sociales ludiques.

Conséquences de la première maturation du regard

Vers la fin du troisième mois, un autre stade de développement est atteint. Le système moteur visuel est arrivé à maturité. Tout d'abord, son champ visuel n'est plus limité à une circonférence de vingt centimètres. Le champ de vision de l'enfant a une portée aussi large que celle de l'adulte. L'enfant peut suivre sa mère des yeux lorsqu'elle s'éloigne et circule dans la pièce. Son réseau de communication s'en trouve donc largement étendu.

Cette précocité comporte d'autres aspects tout aussi frappants. Pour les apprécier pleinement, il faut récapituler brièvement quelles sont les composantes du regard et de la manière de procéder du système moteur visuel.

Le regard se compose de deux choses distinctes : la vue qui est un de nos cinq sens ; l'acte moteur qui consiste en un mouvement des yeux qui s'accompagne généralement d'un mouvement de la tête pour pouvoir suivre et contempler un objet servant de cible visuelle. Ces deux fonctions opérant en même temps confèrent à la perception visuelle une propriété unique. Nous pouvons poser notre regard sur un objet ou l'en détourner, selon notre bon vouloir. En fermant les yeux ou en détournant simplement le regard, l'objet qui servait de cible disparaît. Il peut «ré-apparaître» tout aussi facilement. Par comparaison, l'oreille n'a pas de «paupière» et étouffer un son n'est pas aussi facile que de détourner les yeux. Il est donc évident que le regard comporte une caractéristique tout à fait inhabituelle en tant que mode d'interaction avec le monde extérieur.

Vers la fin du troisième mois, l'enfant peut tout aussi rapidement que l'adulte suivre et contempler un objet des yeux. Il peut tout aussi rapidement modifier la direction de son regard pour faire entrer un objet dans son champ de vision. Cette étape du développement est extraordinaire lorsque nous l'opposons au caractère immature de la plupart de ses autres systèmes de communication et de régulation des contacts interpersonnels comme, par exemple, la parole, les gestes, le déplacement et la manipulation d'objets. (Il y a deux autres systèmes moteurs que l'enfant contrôle totalement à ce stade : téter et faire bouger la tête. Nous traiterons des mouvements de la tête plus loin mais la succion ne devient jamais un système communicatif à part entière.)

Les fantaisies de l'organisation du développement humain, qui fixe la maturation précoce du système moteur visuel, donnent lieu à une situation frappante. Les regards réciproques entre mère et enfant constituent une interaction entre deux êtres humains qui utilisent et contrôlent essentiellement le même mode de communication. Cependant, il ne faudrait pas oublier que l'un des deux partenaires n'a que trois ou quatre mois. On comprend aisément que l'étude des premiers regards suscite de plus en plus d'intérêt.

Vers la fin du troisième mois, l'enfant est capable de contrôler la direction de son regard et il peut ainsi contrôler essentiellement tout ce qu'il voit. La quantité d'informations visuelles est alors fonction de son propre choix. Il peut refuser, censurer ou alors doser les stimulations visuelles venant du monde extérieur quant à leur quantité et quant à leur nature. Lorsque la stimulation extérieure est un autre être humain, l'enfant est capable de régler le degré ou le niveau de la relation et il peut influencer le flux des comportements interpersonnels. Il devient un véritable partenaire.

Déplacement du regard vers les objets

Vers la fin du sixième mois, l'attirance de l'enfant pour le visage humain, la voix, les attouchements est partiellement remplacée par un intérêt croissant pour les objets, qu'il s'agisse de les atteindre, de les saisir ou de les manipuler. Ce changement est rendu possible par la dernière acquisition importante dans le cours du développement : la coordination motrice et visuelle de l'enfant.

A ce stade, la relation mère-enfant change radicalement. Leur interaction ludique devient maintenant une relation trivalente entre la mère, l'enfant et les objets. D'autres comportements tendant vers des buts différents entrent maintenant en jeu. La mère n'est plus le centre d'intérêt le plus important de l'enfant, dont l'attention est de plus en plus attirée par des objets durant les séquences de jeu du temps d'éveil. Il est fort probable que l'«œuvre» du développement accomplie durant la première phase — apprendre le fondement de la nature des humains — soit achevée depuis longtemps. Maintenant, l'enfant entre dans la phase suivante qui est l'apprentissage de la nature des objets. Bien sûr, la mère occupe toujours une place essentielle durant cette phase mais plus de la même manière.

Les mouvements de la tête

La position de la tête et la manière dont celle-ci se meut peuvent être un signal potentiel pour les adultes. Ceci est aussi valable pour l'enfant. J'ai mentionné plus haut que le contrôle moteur de la tête se développe relativement dans le même temps que la maturation précoce du contrôle moteur visuel. On ne peut pas considérer le regard sans considérer en même temps les mouvements de la tête (différents du mouvement des yeux). En général, la tête et les yeux bougent en même temps mais pas toujours au même degré. Les mouvements des yeux et de la tête sont généralement coordonnés, bien que chacun ait un effet communicatif particulier — et donc différent — sur les mouvements accomplis de concert. En considérant ces deux mouvements coordonnés, il est nécessaire de garder à l'esprit les deux données suivantes : l'enfant en tant que personne agissante et la mère en tant que personne qui reçoit.

En ce qui concerne l'enfant, il y a trois positions principales de la tête en fonction des directions de son regard par rapport au visage de sa mère[6]. En position centrale, l'enfant regarde le visage de sa mère et son visage est directement en face de celui de sa mère ou légèrement de côté. Sa vision est en ce moment fovéale. La fovéa est la partie centrale de la rétine qui permet la perception des formes et des configurations; l'enfant voit donc la configuration exacte des traits du visage de sa mère. La position suivante permet une vision périphérique: l'enfant ne regarde pas sa mère directement mais il peut la voir du coin de l'œil. Sa tête peut être détournée de 15 à plus ou moins 90 degrés par rapport au visage de sa mère. Le nourrisson n'a plus une vision fovéale et il ne peut plus distinguer la configuration des traits du visage de sa mère mais il en a une vision périphérique. Il a perdu la perception des formes mais il a conservé celle du mouvement, de la vitesse et de la direction. Grâce à cette position commune, l'enfant peut contrôler les mouvements de tête de sa mère ainsi que les changements d'expression. Il y a quand même une certaine mobilité dans ces expressions même si la nature qualitative des changements du visage n'est plus perçue. Par conséquent, il n'a pas perdu le contact et il peut percevoir sa mère et réagir[7]. La troisième position provoque la perte totale du contact visuel. Celle-ci est généralement obtenue lorsque le bébé détourne la tête de plus de quatre-vingt-dix degrés, ou lorsqu'il la baisse ou lorsqu'il combine les deux attitudes. Dans cette position, il perd la perception des formes et des mouvements.

Dans ces trois positions de base, nous pouvons en distinguer d'autres graduellement plus précises; mais l'important est de savoir que chacune d'elles entraîne chez l'enfant une expérience sensorielle (la vue) et motrice (les mouvements de tête), différente par rapport à la mère. Donc, chaque position procure à l'enfant une expérience sensori-motrice différente pour une même situation, en l'occurrence: être avec sa mère. De plus, il parvient à contrôler chacune de ces expériences.

En ce qui concerne la mère, la nature et le degré de la direction du regard de l'enfant et de la rotation de sa tête ont une fonction sémiotique très importante. Tout d'abord, il importe de savoir si l'enfant regarde ou non sa mère dans les yeux. Le cas échéant et de plus si le bébé se trouve tout juste en face d'elle, la relation entre les deux partenaires n'en sera que meilleure. Par contre, s'il regarde vers elle mais la tête légèrement de côté (dix à quinze degrés), c'est différent. Regarder de côté est un signal ambivalent portant à équivoque. En effet, il est composé de deux éléments contradictoires : le contact visuel d'une part et le détournement de la tête d'autre part. Pour les enfants de moins de six mois (comparés aux adultes), cette position est provisoire car elle sera rapidement remplacée : soit que l'enfant regardera sa mère en face et établira ainsi un contact visuel, soit qu'il détournera carrément la tête, ce qui résultera à rompre tout contact visuel.

Tourner la tête de côté est presque toujours interprété comme un signal de fuite ou d'aversion. (Plus tard, nous rencontrerons une exception notoire ou plutôt une variante, où détourner les yeux sera une invitation joyeuse adressée à la mère pour qu'elle continue la poursuite.) De toute manière, ce détournement du visage peut être considéré comme faisant partie du réflexe inné d'évitement chez le nouveau-né devant tout objet indistinct apparaissant au-dessus de son visage. Ce détournement du visage est une forme ultérieure de ce réflexe mué en fonction sociale. La fonction sémiotique d'un tel réflexe dépend de l'intensité de sa manifestation qui peut être, dans ce cas, facilement mesurée en degré et vitesse d'aversion. Si l'enfant détourne la tête brusquement, la mère comprendra d'autant plus aisément que quelque chose lui déplaît. Cette constatation est valable tant pour un stimulus visuel (tel le visage de la mère) que pour une cuillerée de nourriture qu'il déteste.

Les détournements du regard et du visage impliqués dans un contrôle périphérique ne sont pas de simples échappatoires. Ils sont apparentés aux « mouvements intentionnels » qui reflètent et signalent l'état intérieur de motivation du nourrisson tout en lui permettant de voir et de réagir aux mouvements de la mère, donc en maintenant un échange interactif avec elle. Ce modèle de fuite implique un détournement complet avec la perte de tout contact visuel et marque généralement la cessation de cet épisode interactif ou de la période de jeux.

L'abaissement de la tête est un exemple de comportement d'évitement efficace. Cette attitude semble entraîner une rupture plus définitive de l'interaction — même si elle est temporaire — que le détournement du visage sur le côté. Cette action rompt immédiatement tout contact visuel alors qu'un détournement du visage sur le côté permet encore un contrôle périphérique. L'abaissement de la tête est un sujet prometteur pour des recherches ultérieures. Quand, par exemple, l'abaissement de la tête évolue-t-il en des formes ultérieures de reddition, d'abandon et de soumission ? Nous voyons assez souvent des nourrissons abaisser leur tête et se montrer sans énergie après qu'ils aient cessé de résister au surplus de stimulation.

Nous avons déjà vu que certains mouvements de tête chez les nourrissons semblent appartenir à des modèles d'approche. Quand l'enfant avance la tête tout en inclinant le visage, la mère est très émue et elle interprète ce geste comme un acte d'approche affectivement positif.

Déjà, vers le troisième et quatrième mois, le nourrisson est capable d'adopter des attitudes complexes ou ambivalentes avec la tête ; il prend, pour ainsi dire, un élément d'une structure de motivation et un autre élément d'une structure opposée pour produire un comportement de synthèse qui a sa signification propre. Par exemple, quand un nourrisson soustrait son regard et détourne le visage partiellement (disons à 45°) mais qu'il lève quand même la tête et incline le visage, la mère considère généralement ses mouvements comme une attitude de persévérance. La mère continue d'agir, essaye toujours d'attirer la pleine attention du nourrisson, interprétant son comportement presque comme une invitation à de plus grands efforts de sa part. Par ailleurs, l'attitude du nourrisson qui soustrait le regard et détourne le visage exactement de la même manière, mais tout en l'abaissant, est généralement interprété comme une rupture temporaire. La mère cessera d'agir et elle ne recommencera qu'après avoir modifié sa stratégie d'approche.

Expressions du visage

Charles Darwin fut l'un des premiers observateurs à reconnaître que la survie d'espèces très sociales pouvait dépendre autant de la capacité de leurs membres à communiquer entre eux que de l'adaptation de leur anatomie au combat ou à la fuite. Puisqu'il fut aussi le premier à voir clairement la relation d'évolution de l'homme par rapport aux autres animaux sociaux, il conclut que l'homme lui aussi devait être équipé de la capacité d'envoyer et de recevoir d'importantes indications sociales dont dépend sa survie. Il ne restait plus qu'à se demander comment l'homme finit par acquérir ces signes expressifs spécifiques à l'espèce. Ces comportements étaient-ils innés et faisaient-ils partie du processus d'évolution comme c'était le cas pour les caractéristiques anatomiques ? Ou bien ces comportements étaient-ils tous acquis ? Cette question mena Darwin à une constatation de grande portée : l'observation du comportement expressif du nouveau-né était le premier pas vers la connaissance de ce qui est inné chez l'homme.

Charlesworth et Kreutzer ont résumé parfaitement les découvertes de Darwin ainsi que les cent ans de recherche dans ce domaine qui ont suivi son livre révolutionnaire mais négligé jusqu'à il y a peu[8]. Ils concluent en disant que les découvertes essentielles de Darwin sont encore d'actualité. De façon spécifique, Darwin a conclu que les expressions faciales provoquées par les premières émotions de plaisir, de mécontentement, de colère, de crainte, de joie, de chagrin et de dégoût étaient présentes à la naissance ou, quand elles apparaissaient quelques mois plus tard, elles reflétaient le déploiement de tendances innées que la socialisation influençait peu. Il se montrait moins certain quant au rôle joué par la socialisation dans le cas d'émotions plus complexes.

Plus récemment, des observateurs ont été impressionnés par le grand nombre d'expressions du visage que l'on peut voir chez les nouveau-nés et qui semblent être identiques aux expressions observées sur des visages d'adultes. Il s'agit d'expressions comme celle d'un intérêt visuel intense, de ruse et de sagesse, d'humour grimaçant ou encore des contorsions compliquées exprimant le dégoût et le rejet, des regards railleurs ou des sourires tranquilles. Cependant, il faut souligner que personne n'envisage que, même en exécutant de telles expressions, le nouveau-né éprouve quoi que ce soit; sans parler des sentiments intérieurs comparables à ceux qu'on associe généralement avec des expressions que l'on rencontre chez les adultes.

Quoique ces expressions précoces — qui sont certainement réflexes — exigent une étude et une catégorisation plus rigoureuse, leur seule présence est néanmoins provocatrice. D'abord, en ce qui concerne l'innéité, la présence de ces expressions confirme la notion que l'enfant est né avec un degré surprenant de maturité neuromusculaire faciale et que, de plus, le mouvement des muscles du visage est partiellement intégré à la naissance dans des configurations reconnaissables qui, ultérieurement, deviendront des indications sociales significatives.

La seconde question qui concerne ces expressions précoces se rapporte aux différences individuelles entre les nouveau-nés. Toutes les différences individuelles dans l'intégration neuromusculaire faciale peuvent, dès le début, contribuer à marquer la nature des relations qui s'ensuivent. Ce point précis a fait l'objet d'une étude particulière. S.L. Bennett[9] a observé soigneusement les activités et les soins matinaux prodigués par le personnel d'une garderie. Il a remarqué que la plupart des nourrissons étaient rapidement « caractérisés » par les nurses, qui rapidement et presque unanimement qualifiaient un petit garçon de « méchant mais aimable quand même » ou encore une petite fille comme n'étant pas « sexy ou coquette »... La nature de leur réaction avec chaque nourrisson était fortement empreinte de la manière dont elles voyaient leur personnalité respective.

Même si ces observations ne sont qu'un simple cas d'« adultocentrisme » de la part des infirmières (un cas intéressant parce qu'on le rencontre partout), leurs opinions fantaisistes ne sont pas forgées de toute pièce. Quelles sont les indications individuelles qui engendrent ces « fantaisies » ? Bennett remarque chez chaque nourrisson des différences déterminées par les rythmes de vigilance, d'éveil et de vivacité. Il a aussi attiré l'attention sur le fait que les différences dans l'expression du visage pendant une phase de vigilance sont des indications importantes pour ce genre assez fréquent de détermination précoce de la personnalité.

Le sourire

Durant les deux premières semaines de sa vie, on remarque que l'enfant sourit pendant le sommeil-rêve (aussi appelé sommeil à mouvement oculaire rapide, ou MOC), et pendant des phases de somnolence. On le remarque rarement quand le nourrisson est éveillé et qu'il a les yeux ouverts. Certains de ces sourires sont fugitifs, d'autres prolongés, d'autres encore sont asymétriques et tout à fait grimaçants (avec seulement une commissure qui s'élève) et d'autres « béatifiques ». Ils semblent n'avoir aucune relation avec le monde extérieur et sont uniquement le reflet de cycles d'excitation et de décharges neurophysiologiques à l'intérieur même du cerveau, sans lien aucun avec une activité intestinale ou autre, à l'exception de l'activité intrinsèque du cerveau. Ils ont été appelés sourires endogènes parce qu'ils sont d'origine interne et n'ont aucun lien avec le monde extérieur [10]. Ils ont aussi étés appelés sourires réflexes.

Entre six semaines et trois mois, le sourire devient exogène, provoqué par des événements extérieurs. Différents sons et objets font apparaître un sourire. Cependant, parmi tous les stimuli extérieurs, c'est une fois de plus, la stimulation d'un visage humain, le regard humain, une voix aiguë et le chatouillement qui sont les déclencheurs les plus prévisibles du sourire. Donc, en devenant exogènes, le sourire devient avant tout un sourire social. Pourtant, la morphologie du sourire ne change pas, contrairement à ses déclencheurs.

Aux environs du troisième mois, le sourire prend une autre tournure évolutive et il devient un comportement instrumental. Par instrumental, nous entendons simplement que le nourrisson produit maintenant un sourire de manière à obtenir une réponse de quelqu'un, par exemple un sourire ou un mot de la part de sa mère. Le sourire en lui-même, cependant, reste identique.

La dernière étape du développement se manifeste aux environs du quatrième mois. Le sourire devient suffisamment automatique et se fait avec suffisamment de coordination pour qu'il puisse apparaître en même temps que d'autres expressions faciales. Il en résulte des expressions plus complexes, par exemple un sourire accompagné d'un léger froncement de sourcils. Il faudrait étudier de plus près ce phénomène pour déterminer le moment où des expressions, spécifiques à tel ou tel modèle de motivation, commencent à s'intégrer pour former des expressions plus complexes et souvent ambivalentes.

Ces stades dans le développement du sourire seraient impossibles sans les progrès parallèles des capacités perceptives et cognitives du nourrisson qui permettent au même sourire initial d'apparaître sous différentes conditions, en réponse à des stimuli différents et au service de fonctions différentes.

Pourquoi pensons-nous que ces transformations représentent dans une large mesure le déploiement de tendances innées ? La similarité remarquable de l'évolution dans le temps chez des nourrissons élevés dans des conditions sociales et environnementales très différentes renforce l'argument. Plus convaincantes encore sont les études réalisées auprès d'enfants aveugles qui n'avaient jamais eu la possibilité de voir ou d'imiter des sourires ou de recevoir un renforcement ou «feedback» visuel pour leurs sourires. Jusqu'à quatre à six mois, leurs sourires sont relativement normaux comparés a celui des enfants qui voient et ils suivent les mêmes stades de développement et la même distribution dans le temps. Cependant, à partir du quatrième mois jusqu'au sixième, leur visage s'assombrit et se ferme tant et si bien que leur sourire est moins éblouissant et moins séduisant. Cette évolution différente que l'on observe chez les aveugles suggère qu'après une époque initiale de déploiement des tendances innées (sous l'impact d'expériences ordinaires), un renforcement visuel est nécessaire pour maintenir l'expression du sourire à son maximum.

En résumé, le sourire évolue d'une activité réflexe (déclenchée intérieurement) vers une réponse sociale (provenant de l'extérieur et suscitée par une stimulation humaine ou autre) jusqu'à un comportement instrumental (produit pour provoquer une réponse sociale chez les autres) et résulte finalement en un comportement suffisamment coordonné pour se combiner avec d'autres expressions du visage. Cette évolution générale, bien qu'elle soit probablement la plus fréquente en ce qui concerne les expressions du visage, n'est certainement pas d'application pour tous les comportements expressifs. Contrairement au sourire, le rire n'est pas présent à la naissance et il ne semble pas passer par une phase endogène. Il apparaît pour la première fois en tant que réponse à des stimuli externes, entre le quatrième et le huitième mois. D'abord, entre quatre et six mois, le rire est le plus aisément provoqué par la stimulation tactile, telle que le chatouillement. Entre sept et neuf mois, les stimuli auditifs deviennent les plus efficaces et entre dix et douze mois, le rire est facilement déclenché par des stimuli visuels [11]. Mais tout comme pour le sourire, sa forme ne subira pas beaucoup de changement durant le reste de la vie. Le rire est présent chez les aveugles et il a également été remarqué chez les enfants sauvages élevés par des animaux. Déjà très tôt, le rire devient lui aussi un comportement instrumental.

Le déplaisir

Le visage malheureux avec ou sans pleur est l'expression la plus nette et la plus spectaculaire du déplaisir. Cependant, on devrait considérer ce genre d'expression comme une attitude finale d'une séquence établie d'expressions faciales distinctes, dénotant le déplaisir croissant. Voici les expressions successives qui forment cette séquence : d'abord le visage se ferme, un froncement de sourcils se forme et s'accentue; puis les yeux se ferment à demi et le haut des joues remonte et rougit; la lèvre inférieure tremble et les lèvres sont tirées en arrière quand la bouche s'ouvre; ensuite, les commissures des lèvres s'abaissent et le bébé fond en larmes. Des cris exagérés peuvent déjà se faire entendre au début de la séquence mais ce n'est que vers la fin que les soubresauts et les pleurs surgissent. Le bébé peut bien sûr s'arrêter à n'importe quel stade de la séquence. On interprètera le déplaisir selon que la séquence a été largement entamée ou non. Plusieurs points repères correspondent à des expressions faciales séparées, aisément reconnaissables : visage renfrogné, froncement des sourcils, grimace.

Chacune de ces expressions, de même que toute la séquence établie suit le même cours d'évolution que le sourire. Ces expressions sont présentes à la naissance en tant qu'activités réflexes et ce, tout spécialement pendant le sommeil; leur forme change très peu tout au long de notre vie. Elles deviennent des comportements exogènes — et provoquées par des phénomènes externes — plus rapidement que le sourire et certains observateurs pensent que l'utilisation instrumentale des pleurs se manifeste déjà à trois semaines. En tout cas, dès le troisième mois, chacune de ces expressions et la séquence entière à laquelle elles appartiennent sont prêtes à fonctionner comme des comportements sociaux et instrumentaux destinés à aider le bébé à exécuter et à régler le rôle qu'il lui incombe de jouer dans l'interaction avec sa mère.

Dans la pratique...

J'ai exposé séparément le regard, les mouvements de la tête et les expressions faciales. Bien que nous pouvons étudier ces attitudes ou écrire sur chacun de ces comportements en particulier, dans la vie réelle, ils vont ensemble et très souvent s'effectuent ensemble. En outre, leur exécution simultanée s'intègre dans des catégories de comportements préétablis. Ces catégories, qui fonctionnent comme des éléments communicatifs, forment les unités du comportement. Par exemple, en réponse à un stimulus troublant, l'enfant peut rompre le contact visuel et tout en détournant le visage, froncer les sourcils, faire une grimace et émettre un son excité. L'enfant n'a pas besoin d'apprendre à coordonner l'exécution simultanée de ces cinq actes. Au contraire, l'intégration particulière s'organise naturellement et reflète le déploiement de tendances innées à l'interaction. En termes éthologiques, on peut considérer chacune de ces cinq attitudes comme un patron moteur inné. De même, on peut considérer leur exécution intégrée comme un patron moteur inné d'un plus haut niveau.

Voici un exemple qui pourrait nous éclairer à ce sujet; il est tiré du domaine plus complexe des plaisirs. Quand nous parlons du sourire captivant du bébé, le sourire n'est certainement pas le seul élément qui entre en jeu. L'enfant avance la tête, relève le visage sans interrompre le contact visuel, comme s'il essayait de relever la tête pour faire face à la personne qui a provoqué (en lui) le sourire. Au même moment la tension du corps s'accroît sensiblement, de même que les mouvements des membres peuvent se faire plus amples et s'accompagner d'un effort peu coordonné pour atteindre la personne avec les bras. Les mains s'ouvrent et se ferment en cadence. Un gloussement peut accompagner ces autres actions. Une fois de plus, nous constatons que toute cette intégration spécifique de comportements est innée.

Je voudrais insister sur trois points concernant ces catégories ou systèmes de comportements. Le premier, que j'avais déjà relevé, c'est que ces systèmes intégrés sont aussi innés que leurs composants et qu'ils se développent surtout grâce aux tendances innées et aux changements d'organisation; l'éducation n'a que très peu d'influence.

Deuxièmement, ces catégories semblent opérer comme des systèmes fonctionnels de communication à l'intérieur du flux continu de comportements. Ces patrons moteurs innés et intégrés sont pour la mère (ou pour tout adulte en général) le stimulus capital qui, une fois reçu et analysé, la fait agir d'une façon spécifique. Si nous étudiions des animaux, nous appellerions ces comportements intégrés de l'enfant, des déclencheurs innés. Pour en revenir au sourire, l'impact de la communication serait nettement différent si ce même sourire apparaissait avec la même augmentation de tension du corps et la même ampleur des mouvements des membres mais sans aucun effort pour lever la tête, incliner le visage ou atteindre la personne avec les bras. L'adulte aurait observé le même plaisir sur le visage de l'enfant mais il aurait considéré celui-ci comme étant un observateur passif plutôt qu'un être actif se dirigeant vers la source de stimulation agréable. L'important, bien sûr, c'est que la configuration spécifique des systèmes intégrés de comportement soit perçue comme une « gestalt » et soit comprise comme telle. Nous ne savons pas encore dans quelle mesure les mères et les autres adultes sont eux-mêmes prédisposés à percevoir, à assimiler et à réagir à ces systèmes. La plupart de nos recherches se sont concentrées sur le pouvoir des éléments séparés plutôt que sur leur action en tant qu'entité intégrée.

Troisièmement, ces systèmes intégrés de comportement peuvent également faire partie de séquences plus importantes qui constituent les thèmes motivationnels majeurs de l'approche, du plaisir, de l'évitement, etc. La progression des systèmes de comportement que nous avons observés — progression qui va du visage fermé jusqu'au visage en pleurs, en passant par plusieurs étapes intermédiaires —, décrivait le comportement type du déplaisir. Nous supposons donc que ces modèles séquentiels, ainsi que la série d'éléments qui les constituent, sont largement déterminés par des facteurs innés.

Il est donc évident qu'à trois mois au moins l'enfant est équipé d'un vaste répertoire de comportements qui lui permettent d'« engager » et de « désengager » ses partenaires. Tous ces comportements — les patrons moteurs simples, les combinaisons plus complexes de ces modèles simples dans des systèmes intégrés et la séquence établie de ces systèmes — ont une forte prédisposition innée. En outre, ils ont également subi l'influence du processus d'apprentissage pendant les premiers mois de leur apparition.

Quand, vers six mois, nous observons cet enfant devenu un être véritablement social, nous remarquons que ses capacités sociales sont effectivement formidables. Il est totalement préparé à s'engager dans la première phase d'apprentissage et à interagir avec le monde humain.

Pendant les six premiers mois de la vie, l'enfant et sa mère, en utilisant chacun leur répertoire respectif de comportements, ont développé leur propre style d'interaction et ont atteint, au sein même du couple qu'ils forment, un haut degré d'adaptation.

Chapitre 4
Du laboratoire à la vie réelle

Dans le chapitre précédent nous nous étions intéressés à l'enfant et à sa première phase d'apprentissage du monde humain. Auparavant, nous avions aussi exposé les comportements que la mère a à sa disposition pour créer un monde de stimuli humains pour l'enfant durant cette période. Comment fonctionne l'interaction de ces comportements émanant respectivement de l'enfant et de la mère et comment cette interaction résulte-t-elle dans des phénomènes tels que l'intérêt, le plaisir, l'ennui, et comment se mue-t-elle en une relation ? Comment se fait-il que les unités distinctes du comportement de chaque partenaire aboutissent à ces mouvements stéréotypés qui créent une chorégraphie entre les deux partenaires ?

Pour répondre à ces questions, nous considérerons plusieurs découvertes expérimentales et hypothèses qui fournissent des théories sur des modèles d'interaction. La plupart de ces découvertes ont été faites en laboratoire, ou du moins dans des situations expérimentales. En comparaison avec les observations essentiellement naturalistes, sur lesquelles je me suis fondé jusqu'à présent, la situation expérimentale donne au scientifique et la liberté et le contrôle. Il est libre d'aller au-delà des séries d'événements provoqués en désordre par des situations naturelles et il peut donc créer des situations ou des événements nouveaux ou artificiels qui lui permettront de tester d'une manière critique les différentes hypothèses et d'élaborer des théories plus générales. Cependant, un des désavantages de l'approche expérimentale est qu'une grande partie des découvertes ayant des implications potentiellement importantes pour l'interaction entre l'enfant et la mère apparaît trop éloignée de la situation naturelle, telle qu'elle est connue par la plupart des mères et des cliniciens, pour que ces découvertes puissent être transposables et utiles.

La tâche d'établir les rapports des résultats obtenus en laboratoire avec ceux issus d'une situation naturelle sera d'autant plus facile si nous gardons présent à l'esprit le fait que tout acte que la mère accomplit naturellement peut et doit être considéré comme un stimulus ou une réponse adressé à son enfant, et vice versa, et que ce stimulus ou cette réponse diffère très peu de ceux rencontrés en laboratoire, même si l'interaction mère-enfant est très chaotique, comparée aux résultats expérimentaux. Après tout, les comportements de la mère et de l'enfant sont des stimuli qui diffèrent selon certains paramètres : intensité, complexité, ou nouveauté. Ils durent également un certain laps de temps (durée de présentation), avec des pauses (intervalles entre les essais et entre les stimuli). Il sera donc souvent nécessaire de considérer les choses sous un aspect mécanique afin d'atteindre un point de vue plus globaliste. Tel sera le but de ce chapitre.

L'enfant recherche activement les stimuli

De nos jours, une telle affirmation ne suscite ni l'étonnement ni la controverse. En fait, elle est devenue un point de départ important de la réflexion sur le comportement des enfants. La plupart des anciennes théories allaient à l'encontre de cette notion. On considérait l'enfant comme un être ayant besoin d'être protégé des stimuli extérieurs ou au mieux, comme un récepteur passif de stimulations. Les spéculations de Freud — qui ont eu une influence importante — suivaient ces lignes générales mais elles comprenaient quelques hypothèses supplémentaires assez provocatrices. Il supposa que toute stimulation était accompagnée par l'accroissement d'une excitation — qui était ressentie comme un déplaisir — alors que la décharge de cette excitation était ressentie comme un plaisir. Nous reviendrons à cette notion plus tard. Disons pour l'instant que c'est une erreur d'admettre comme idée représentative ces hypothèses anciennes suivant lesquelles l'enfant ne recherche pas la stimulation activement et avec plaisir.

Au cours des dernières décennies, nous avons de plus en plus acquis la conviction que, dès sa naissance, l'enfant recherche des stimulations et même plus, qu'il s'efforce d'en trouver. En fait, la recherche d'une stimulation a dès à présent acquis un statut de pulsion ou tendance motivationnelle, comparable à celui de la faim — ce qui n'est pas une analogie forcée. Tout comme la nourriture est nécessaire pour développer le corps, ainsi la stimulation est nécessaire pour fournir au cerveau la « matière première » exigée pour la maturation des processus sensori-moteur, perceptifs et cognitifs. L'enfant manifeste certaines tendances à rechercher et à saisir cette « nourriture cérébrale » dont il a besoin.

Nous devons distinguer deux types différents de stimulations recherchées par l'enfant : stimulation sensorielle ou perceptive, intellectuelle ou cognitive. La stimulation sensorielle serait, par exemple, constituée par la force ou de la hauteur d'un son ou par l'intensité ou la complexité d'une image visuelle. D'autre part, les stimuli cognitifs sont stimulants parce qu'ils sont de par leur nature en relation avec un stimulus référent. L'évaluation de la relation entre le stimulus et son référent fait entrer en action diverses opérations et processus mentaux. Par exemple, si un enfant entend un son élevé plusieurs fois de suite et puis qu'il entend un son plus faible, ce dernier provoquera chez lui une stimulation sensorielle moindre puisqu'il a moins d'intensité. Cependant, ce son moins élevé contribuera à augmenter sa stimulation cognitive puisque l'enfant évaluera et comparera immédiatement le nouveau stimulus avec le précédent. Plus que les propriétés de la stimulation elle-même, la mise en relation d'un stimulus avec un autre favorisera la stimulation cognitive, l'engagement et le fonctionnement des facultés mentales. La distinction n'est pas toujours très claire. Certaines stimulations, surtout au début de la vie de l'enfant, pourraient être analysées comme étant simplement de nature perceptive ou sensorielle. Cependant, tous les stimuli cognitifs doivent d'abord être perçus par les processus perceptifs pour entrer dans le cerveau et doivent donc nécessairement produire une certaine stimulation perceptive, même si la stimulation cognitive reste la plus importante.

Cette distinction est pour nous d'une importance extrême parce que d'une certaine façon, elle marque le début de ce qu'on peut, à juste titre, appeler l'activité intellectuelle. Vers l'âge de trois mois, les stimulations cognitives provoquées par les stimuli émanant de la mère deviennent prédominantes. L'enfant tient de plus en plus d'un être cognitif, plutôt que d'un être sensoriel bien qu'il ne perde jamais sa nature d'être sensoriel. Cependant, à trois mois, il n'y a pas de changement brusque; il ne se manifeste que graduellement.

Il n'est peut-être pas surprenant que l'enfant recherche et ait besoin de stimuli pour favoriser la maturation de ses processus perceptifs et sensoriels. Mais il est plus surprenant de constater que nos explications sur le comportement de l'enfant exigent que nous considérions que les nourrissons sont capables d'utiliser des opérations cognitives dès les premières semaines de la vie. Piaget considère que dès le début, l'enfant est un agent actif en ce sens qu'il effectue un travail mental tout au long du processus d'assimilation laborieuse des stimuli qui l'entourent, en vue de transformer le monde extérieur en un schéma interne. Jérome Bruner a récemment souligné cette idée en déclarant que la tendance principale de la vie mentale de l'enfant est « le processus actif de la formation et de la mise à l'épreuve d'hypothèses »[1]. La recherche active de stimuli est certainement un signe avant-coureur de la curiosité, cette force puissante qui est de plus en plus considérée comme une force cruciale pour l'adaptation et la survie parmi les hommes et les autres animaux.

Mais, même s'il est certain que l'enfant recherche activement des stimuli, sa quête ne se fait pas sans discrimination ou sans l'intervention d'un système de défense inné. Il évitera d'être submergé par un excès de stimulations ainsi que d'être immobilisé en devant participer et répondre à tous les événements du milieu, événements dont certains peuvent lui paraître insignifiants et ennuyeux.

Stimulation et attention

Le niveau de stimulation

Toutes les découvertes de plusieurs chercheurs tendent à démontrer l'existence d'une relation générale entre l'attention de l'enfant et le niveau de stimulation[2]. Si le niveau de stimulation est trop faible, même si l'enfant est conscient de sa présence, il la remarquera à peine ou bien, s'il y prête une certaine attention, il perdra vite de l'intérêt. Si le degré de stimulation est trop élevé, il l'évitera en se détournant ou en pleurant pour recevoir l'aide de quelqu'un qui annihilera cette stimulation. Quand le niveau de stimulation est plus modéré — c'est-à-dire qu'il se situe entre les deux extrêmes — son attention sera beaucoup plus facilement captivée et maintenue. Lorsque l'on reste dans ces limites modérées, au fur et à mesure que la force du stimulus augmente, l'attention de l'enfant est maintenue plus longtemps ou bien il prend part plus fréquemment à l'interaction ; ceci jusqu'à un point optimal, c'est-à-dire lorsque le niveau du stimulus devient trop élevé. A ce moment l'attention de l'enfant retombe. Cette situation est illustrée dans le graphique 2.

Cette tendance générale s'applique à la force ou à la quantité de tous les différents paramètres qui constituent un stimulus : son intensité, ou sa complexité, ou sa quantité de contrastes, ou son débit de changement, ou son degré de nouveauté. Elle s'applique aussi à des stimuli de tout genre : qu'ils soient visuels, auditifs, tactiles ou kinesthésiques. C'est là une généralisation très large. Chaque paramètre particulier, pour chaque modalité de stimulus et ce, pour des âges différents aura sa propre représentation graphique. La courbe peut tendre plus vers le bas ou vers le haut et elle peut être plus raide ou plus

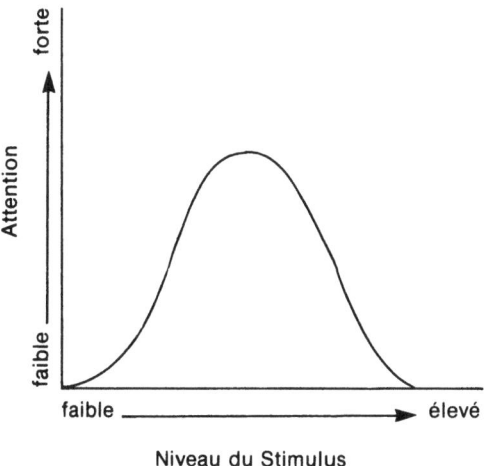

Figure 2. Relation entre le degré d'attention et le niveau de stimulation.

horizontale. De plus, sa position sur l'échelle et sa forme présenteront un développement propre qui sera fonction de chacun des éléments du stimulus. Par exemple, un niveau modéré de complexité dans une image visuelle retiendra l'attention d'un enfant âgé d'un mois mais ce niveau peut être insuffisant pour un enfant de trois mois. Cependant, ce qui est considéré à un mois comme un niveau modéré d'intensité lumineuse pour une même image peut ne pas avoir changé après trois mois.

Nos généralisations s'appliquent à des cas individuels ainsi qu'à leur histoire, cas qui résultent de l'action de différents paramètres de stimulus de différentes modalités. En fait, nous devrions ici revenir un pas en arrière et modifier la figure 2. Au lieu de simplement indiquer sur l'abscisse le niveau général de stimulation variant d'un niveau faible à un niveau élevé, nous pourrions séparer toutes les composantes du paramètre du stimulus et les spécifier comme suit : intensité, degré de contraste, complexité, etc. et donc dessiner une série de courbes, une pour chaque paramètre. En fait, pour avoir une connaissance plus approfondie de cette situation, nous devrions dessiner les courbes développementales de tous les paramètres des stimuli importants pour l'enfant et ce, dans toutes les modalités.

Il y a cependant un problème sérieux: la généralisation et son illustration dans la courbe théorique représentée par le graphique 2 ne correspondent pas, en fait, à ce que nous observons dans la réalité. Des observations menées auprès d'enfants répondant à des degrés croissants de stimulation suggèrent que lorsqu'on dépasse le seuil supérieur d'un niveau de stimulation, l'enfant «change de cap» rapidement. Soudain il détourne son regard, tourne rapidement le visage et peut même se retirer brusquement. En bref, on n'observe pas la retombée graduelle de l'attention quand le niveau du stimulus tend vers son maximum. Au contraire, il y a chute précipitée de l'attention chaque fois qu'un seuil de tolérance est dépassé. C'est comme si l'enfant ne veut ou ne peut pas tolérer une stimulation au-delà de ce point et qu'il interrompt son processus d'attention. Ceci est illustré dans la figure 3.

Stimulation répétée

Jusqu'à présent nous avons discuté des degrés changeant de stimulation et d'attention. Mais qu'en est-il des différents sons et images répétés qui remplissent notre vie quotidienne et celle de l'enfant? Ce vaste territoire d'événements inclut toutes les stimulations qui constituent le tissu du milieu habituel. Si nous «voulons» que l'enfant soit fortement sensible à l'environnement (ou à la personne qui se trouve auprès de lui), nous voulons également qu'il réagisse d'une façon assez sélective. Nous ne voulons pas qu'il soit emprisonné par les stimuli à un point tel qu'il reste toujours fort sensible à des banalités:

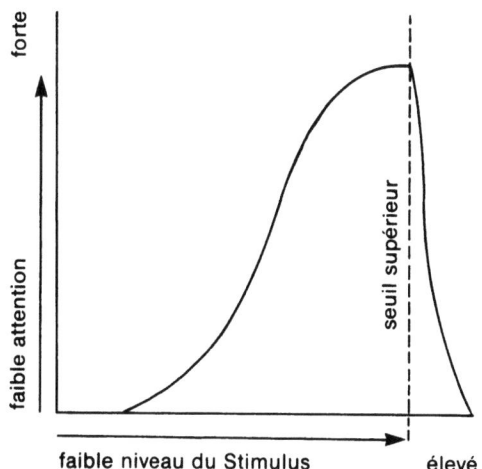

Figure 3. Relation observée entre le niveau d'attention de l'enfant et le niveau de stimulation.

le tic-tac d'une horloge, ou le bruit des voitures qui passent. Il doit trouver un moyen de faire abstraction des bruits de fond tout en gardant sa sensibilité receptive à des stimuli nouveaux, modifiés, ou bien frappants.

L'enfant a les moyens d'accomplir ce genre de chose. Lorsqu'on lui présente un même stimulus plusieurs fois de suite, il réagira de moins en moins à chaque nouvelle présentation. C'est ce qu'on appelle le phénomène d'accoutumance ou d'habituation. Plus précisément, l'accoutumance est la diminution progressive de l'intensité de la réponse devant un stimulus identique présenté plusieurs fois de suite. Cette diminution n'est pas due à la fatigue. L'accoutumance est très visible chez des bébés de trois mois et il existe sûrement déjà une certaine forme d'accoutumance à la naissance. Je pense que ce phénomène peut être aisément observé chaque jour dans le métro à New York. On y rencontre des enfants de tous les âges qui sont capables de faire abstraction des ronflements et des cahots rythmés lors des arrêts et des départs afin de rester endormis ou de garder un niveau remarquablement régulier d'attention sociale à l'égard de la personne qui les accompagne.

Je vais décrire dans certains détails comment se pratique une expérience sur l'accoutumance. Le flot de présentations de stimuli manipulés permet une excellente comparaison avec le flot de comportements maternels suscités par l'enfant lors d'interactions spontanées. Lors d'une expérience d'accoutumance visuelle, le bébé est placé dans une chaise d'enfant et on lui montre une photo ou une image quelconque, par exemple une figure circulaire. On lui laisse ce stimulus visuel devant les yeux pendant à peu près trente secondes. Le chercheur compte la durée et le nombre de fois que l'enfant regarde vers le stimulus durant les trente secondes de présentation. (Le chercheur peut non seulement mesurer l'intensité de l'attention visuelle, mais il peut aussi observer et enregistrer d'autres comportements, tels que des expressions faciales et des mouvements du corps; il peut également enregistrer des changements dans le battement du cœur et d'autres modifications physiologiques).

Ensuite, on fait disparaître la figure circulaire pour une période de repos d'environ trente secondes, puis on lui présente à nouveau cette même figure pendant trente secondes, on réenregistre la réponse de l'enfant, etc. Cette procédure est renouvelée six fois ou plus. A chaque réapparition de l'objet, l'attention de l'enfant décline et il regarde de moins en moins vers l'objet. Mais, à la septième présentation, on lui montre un nouveau stimulus, disons un damier. L'intérêt de l'enfant se ranime immédiatement à la vue du dernier stimulus et son niveau d'attention est généralement aussi élevé qu'à la première présentation du premier stimulus.

L'introduction du second stimulus est importante car elle prouve que l'enfant n'a pas perdu sa capacité de répondre à cause de la fatigue ou à cause d'un autre processus indiquant une perte de capacité d'origine neurologique. Il s'est simplement lassé de la répétition de cette même stimulation. La figure 4 adaptée schématiquement d'après Jérôme Kagan et Michael Lewis[3], montre le temps décroissant que l'enfant a passé à regarder les six présentations successives du premier stimulus (S1) et le temps passé à regarder le nouveau stimulus (S2) à la septième présentation.

Les implications de ces expériences simples sont primordiales et d'une grande portée quant à notre compréhension de l'efficacité d'une stimulation dans une relation mère-enfant. Elles peuvent aussi nous éclairer sur la façon de capter et de maintenir l'intérêt de l'enfant dans sa vie quotidienne. Pour que l'enfant soit lassé, il faut qu'il

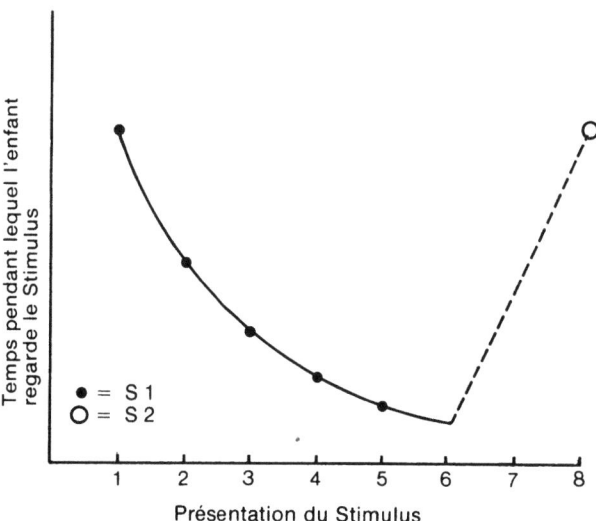

Figure 4. Diminution progressive de l'attention visuelle lors des présentations répétées du même stimulus (S1) et remontée brusque de l'attention visuelle quand un nouveau stimulus (S2) est présenté.

sache ou qu'il se souvienne d'une certaine façon, sur un intervalle de trente secondes, de la nature du stimulus. Sinon, il ne pourrait pas avoir une réponse du genre: «Oh, encore ça!», comme Lewis l'a décrit. Deuxièmement, on ne peut pas répéter éternellement le même stimulus si on veut qu'il soit intéressant et qu'il continue à l'être. Une mère ne peut pas faire le même geste six fois de suite d'une façon identique et puis en rester là. Pour maintenir le même niveau d'attention, elle doit modifier presque constamment les stimuli qui composent son comportement. Si elle veut rester une mère «intéressante» aux yeux de son enfant, elle doit modifier ses gestes.

De la stimulation sensorielle à la stimulation cognitive

Jusqu'ici nous avons surtout exposé les effets de la stimulation sur les processus perceptifs et sensoriels de l'enfant tels qu'ils sont reflétés à travers l'attention. A un certain moment de son développement et certainement à partir de trois mois, le nourrisson commence à aborder, à évaluer et à traiter d'une façon cognitive le contenu spécifique d'un stimulus. L'intensité de la stimulation ou de tout autre paramètre physique ne sera plus aussi révélatrice que la relation existant entre le contenu significatif du stimulus et un référent. Par exemple la force du stimulus que représente un visage ne résidera plus dans son degré de complexité: contraste clair et sombre, quantité d'angularités, bref la somme de tous les stimuli qui composent un visage, mais plutôt dans la relation contrastive ou similaire entre le visage en présence et le schéma interne d'un visage connu ou attendu.

Le phénomène d'accoutumance représente le tournant de ce changement. On peut présumer qu'après plusieurs apparitions du même stimulus, l'enfant commence à s'en former un schéma; quand il le revoit trente secondes plus tard, il ne peut avoir une réaction de « blasé » : « oh, encore ça ! », que s'il a formé un schéma du stimulus auquel il comparera le suivant. Si tel est le cas, nous pouvons dire que la stimulation est issue non seulement des propriétés mêmes du stimulus, mais aussi de sa relation avec le schéma de l'enfant.

On a récemment prouvé que c'est à l'âge de trois mois environ — si pas plus tôt —, que l'enfant forme des schémas d'objets, d'événements et de personnes du monde qui l'entourent. Cette « photo » mentale interne lui donne une indication quant à l'aspect ou l'odeur d'une chose ou quant au bruit que cette chose pourrait émettre. Si le petit enfant rencontre un objet, qui diffère un tant soit peu de l'image qu'il s'en faisait, il y a introduction d'un élément nouveau. L'harmonie est rompue entre le stimulus réel et le schéma. On peut appeler « degré de divergence »[4] l'importance de cette rupture. C'est comme si l'enfant essayait de déterminer si l'objet réel est vraiment identique au schéma qu'il s'en était fait ou s'il en est différent. A présent, la source de stimulation réside surtout dans la discordance entre stimulus et schéma plutôt que dans les propriétés physiques du stimulus lui-même. Il n'y a plus qu'un pas pour voir comment l'opération permanente d'évaluation des concordances/discordances entre stimuli favorisera la construction de schémas et continuera à en élargir la portée.

A partir de maintenant, c'est le degré de divergence lui-même qui est devenu source de stimulation, qui provoque et maintient l'attention. Jérome Kagan et d'autres vont encore plus loin : ils affirment qu'il doit exister des relations prévisibles entre le degré de divergence (stimulation cognitive) et l'attention. La relation que nous avons observée entre le niveau de la stimulation perceptive et l'attention (3) est essentiellement similaire à la relation entre le niveau de la stimulation cognitive (degré de divergence) et l'attention. De faibles degrés de divergences ne fournissent que de faibles stimulations et ne donnent lieu qu'à de faibles niveaux d'attention. Si on augmente le degré de divergence, l'attention augmentera progressivement jusqu'à un seuil maximum au-delà duquel l'enfant trouve que l'expérience est déplaisante et il essaiera alors de l'éviter. Quand le seuil est largement dépassé, nous supposons que la divergence entre le stimulus et son schéma a de loin outrepassé le point de rupture de la relation entre ces deux éléments. L'enfant ne peut donc plus voir la relation entre le stimulus et l'image qu'il s'en faisait. Il n'a donc plus de raison d'établir un rapport entre ces deux éléments et il considérera ce stimulus excessivement divergent comme un objet tout à fait nouveau. Il se peut donc que son attention fléchisse une fois que le seuil de tolérance est dépassé.

Excitation et stimulation

Terminologie

A la notion d'excitation correspondent divers termes courants dans la littérature scientifique. Activation, éveil et tension sont les plus répandus. Chacun présuppose un arrière-plan historique propre, des points de vue théoriques et des valeurs heuristiques propres. J'ai choisi d'utiliser le mot excitation pour plusieurs raisons. Tout d'abord, on procède actuellement à une réévaluation quant à la nature de ces termes, des phénomènes auxquels ils réfèrent et de leur valeur en tant que concepts utiles et efficaces[5]. Il n'existe donc pas de nos jours un seul et unique terme qui rende compte du consensus de la pensée actuelle telle qu'elle s'applique aux petits enfants. Néanmoins, ils se rapportent tous à un concept très important : l'état interne du nourrisson. Il s'agit d'un concept qui a trait à la dimension de l'intensité et du niveau de l'activité des processus internes reflétés dans un comportement manifeste et sans doute dans l'expérience subjective du nourrisson. Le terme plus familier d'*excitation* désigne l'expérience commune d'un chacun des comportements manifestes et des sensations subjectives qui accompagnent les processus neurologiques et neurophysiologiques internes.

Excitation et attention

Les fluctuations dans le niveau d'excitation peuvent être dues à des événements soit internes, soit externes. Pendant le sommeil, alors que nous pensons qu'il n'y a pas de stimulation externe sensible, l'enfant et l'adulte connaissent des changements rythmiques dans leur état interne. Pendant le sommeil, quand on rêve, il existe une activité sélective qui produit des sourires endogènes et d'autres expressions faciales et irrégularités dans les activités physiologiques telles que le battement du cœur et la respiration. Quand on dort profondément, l'activité du corps est plus lente mais plus régulière. Ces changements réguliers reflètent des changements rythmiques dans les modèles de décharge et dans l'activité du cerveau. Ce genre de fluctuation dans l'excitation ne requiert aucun processus d'attention. Tout vient de l'intérieur.

Durant les premières semaines de la vie, l'état général du bébé est quelque peu semblable à l'état de sommeil, même quand il est éveillé. Il passe de la somnolence à l'inactivité alerte, puis à l'activité alerte et de temps en temps à un état d'excitation où il pousse des cris abondants. Chacun de ces états d'éveil, tout comme les états de sommeil, est largement déterminé par les changements périodiques qui se déroulent dans les activités de décharge cérébrale. Chaque état représente aussi un point différent dans l'échelle d'excitation.

Mais à présent, les événements externes ont perdu leur importance et l'attention se développe. Même si le cycle de ces états d'éveil est encore commandé en grande partie par l'activité cérébrale, les stimuli externes peuvent déjà prolonger un tel état ou y mettre fin; du moins ils peuvent amener le bébé à un état supérieur de telle sorte qu'il laissera entendre des cris et des pleurs abondants, ou encore le faire « retomber » à un stade inférieur, en l'aidant à s'endormir. La capacité d'attention dont fait preuve le bébé face à des stimuli externes commence à jouer un grand rôle, bien qu'encore secondaire, dans la détermination de son état interne d'excitation. Ce phénomène se manifeste tout particulièrement au stade appelé « inactivité alerte » quand l'enfant est visuellement en alerte mais qu'il ne fait pas bouger son corps ni ses membres. Pendant la période d'inactivité alerte, le bébé est surtout attentif et réceptif à la stimulation externe. Il passe la plupart du temps à regarder et à suivre des objets du regard et à écouter des sons. Dans un sens, sa capacité d'attention est fortement influencée par le niveau et le modèle de l'excitation intrinsèque du cerveau, par l'état dans lequel il se trouve. A ce stade, l'attention est encore la « servante » de l'excitation intrinsèque du cerveau. Cependant, la « servante » n'est pas sans pouvoir. Dans certaines limites, par exemple, étant donné que le petit enfant se trouve déjà dans un état d'inactivité alerte, on peut dire que n'importe quelle stimulation externe à laquelle il prête attention aura une influence sur son niveau d'excitation.

Dès l'âge de trois mois, la situation s'est équilibrée depuis longtemps et elle s'est même inversée. A présent, dans certaines limites, le niveau d'excitation est surtout influencé par l'attention de l'enfant. L'enfant est maintenant capable de maintenir un état interne fort constant qui lui permet d'être attentif et sensible à son environnement durant d'assez longues périodes, au moins pendant quinze minutes et souvent beaucoup plus longtemps encore. C'est durant ces périodes que se passent les interactions sociales les plus ludiques. A ces moments-là, son niveau d'excitation est surtout influencé par toute stimulation venant de l'extérieur. Cette information perceptive est en grande partie déterminée par ses processus d'attention, qui sont fonction de la régulation de son excitation neurophysiologique interne [6]. Le petit enfant peut contrôler son attention, ce qui lui permet aussi de contrôler l'entrée des stimuli ainsi que son excitation interne. Comme nous l'avons vu, ceci s'applique spécialement aux stimuli visuels, car il ne contrôle pas encore avec autant de maîtrise les informations lui parvenant sous d'autres modalités. (Comment et jusqu'à quel point un enfant peut-il discerner des stimuli auditifs, tactiles et kinesthétiques voilà une question fascinante à laquelle nous reviendrons plus tard).

Excitation et stimulation

La relation générale entre stimulation et attention s'applique à la plupart des relations entre stimulation et excitation. Des niveaux de stimulation faibles produisent des niveaux d'excitation faibles. Le degré d'excitation augmente avec le niveau de stimulation. Cependant, dans le cas de niveaux de stimulation élevés, l'attention peut être détournée dans certaines modalités du moins. Elle se ferme à toute stimulation venant de l'extérieur et provoque ainsi la retombée du degré d'excitation. Dans de telles situations, l'attention peut être détournée instantanément. L'excitation, par contre, réagit comme si elle avait acquis plus d'élan et il lui faut un temps plus long pour diminuer. Un temps plus long est aussi nécessaire pour la faire monter. Pendant la réaction d'orientation, quand l'attention est captivée pour la première fois, le niveau d'excitation reste probablement à zéro jusqu'à ce qu'il y ait une « évaluation » interne du nouveau stimulus. Quand on a affaire à un très haut niveau de stimulation, c'est-à-dire lorsqu'on se trouve face à un état de sur-stimulation, le niveau d'excitation peut évoluer en une situation assez commune: pleurs incontrôlés, gémissements, trépignements qui durent pendant un certain temps. Il semble qu'à ce niveau, l'excitation ne soit pas contrôlée par un mécanisme autorégulateur capable de l'annihiler, à part la fatigue.

Dans ce domaine de l'excitation, les distinctions entre stimuli sensoriels et cognitifs deviennent plus subtiles. Le chatouillement est un bon exemple. Plus le chatouillement est vigoureux et dynamique, plus le bébé s'excite. On peut de toute évidence classer ce stimulus parmi les stimulus sensoriels. Néanmoins, quelques mois plus tard, l'excitation proviendra du fait de l'attente du chatouillement. Ceci évolue en un jeu complet avec beaucoup de variantes et où deux stimuli différents opèrent en même temps pour augmenter l'excitation. Il y a tout d'abord l'excitation provoquée par la stimulation sensorielle du chatouillement, mais en plus, il y a l'excitation provoquée par la stimulation cognitive, c'est-à-dire la création d'attentes et la « violation » de celles-ci (ce qui procure un effet de surprise).

L'affect

Les psychologues qui étudient le comportement humain ont toujours été intrigués par le développement de l'affect (ou de l'émotion) et finalement, ils ne l'ont jamais compris parfaitement. Le grand problème, c'est que l'aspect le plus crucial d'un affect est constitué par un sentiment subjectif de joie ou de déplaisir ou de quoi que ce soit; or, on ne peut observer ni même déceler un sentiment subjectif chez un bébé qui ne parle pas encore. On ne peut que le déduire du comportement manifeste, que l'on peut interpréter, quoi qu'il reflète aussi l'état sentimental.

Dans un tel contexte, la plupart des études qui ont été entreprises sur l'affectivité, sont des recherches menées à l'aide de l'observation ou de l'expérimentation sur le comportement manifeste qui, lui, reflète et communique l'état subjectif; ou alors il s'agit d'études d'une nature plus philosophique et plus métapsychologique traitant des aspects subjectifs de l'affect. Le problème reste toujours entier. Cependant, il est quand même étrange que notre recherche et notre compréhension des facultés perceptives, cognitives et motrices de l'homme aient tellement dépassé notre compréhension de l'affect. La vie sans affect est aussi impensable que la vie sans facultés cognitives. De plus, il est certain que les troubles psychiatriques, que nous considérons comme des comportements anormaux, se manifestent autant par des troubles de l'affect, que par des troubles des facultés cognitives ou perceptives. Cependant, ce n'est que très récemment qu'il y a eu un regain d'intérêt pour ce problème capital et que de nouvelles recherches ont été entamées.

L'explication principale que Freud ait fournie concernant l'affect sera la première pièce de ce puzzle qui est loin d'être terminé. Il affirmait que toute stimulation provoquait une tension interne ou excitation invariablement ressentie comme un déplaisir. L'enfant cherchait alors à se décharger de cette tension et la réduction de tension était accompagnée d'une sensation de plaisir. Mais la théorie de Freud pose plusieurs problèmes. Premièrement, les petits enfants recherchent la stimulation activement, et deuxièmement, l'accroissement de l'excitation peut être agréable. Freud postulait également qu'un quantum d'énergie stimulante qui entrait dans le système était converti en un quantum d'énergie de tension qui devait être déchargé. Nous savons maintenant que la stimulation n'agit pas comme un quantum d'énergie, qui une fois entré, dans un système fermé, s'empresse de se décharger pour ne pas troubler un équilibre établi. Le bébé tolère et recherche de plus en plus de stimulations à mesure qu'il mûrit. Enfin, la cessation de stimulation agréable peut provoquer une sensation d'aversion.

Au premier abord, il semblerait que nous ayons entièrement démantelé le modèle de Freud... mais ce n'est pas le cas, il reste le concept de base : l'affect est fonction de l'accroissement et de la diminution de la stimulation et de la tension. Freud prenait une position extrême quand il affirmait que l'augmentation de la stimulation ne provoquait aucune sensation agréable et que sa diminution n'apportait que du plaisir. Alan Sroufe met en relation quatre exemples différents de stimulation et d'excitation croissante et décroissante. Le rêve chez le nouveau-né constitue le premier exemple. D'après les travaux d'Emde et d'autres, les portions les plus primitives du cerveau situées sous le cortex se déchargent régulièrement pendant le rêve, créant ainsi des cycles croissants et décroissants d'excitation neurologique. Le sourire endogène du nouveau-né qui rêve, apparaît lorsque le niveau d'excitation dépasse un certain degré d'intensité et puis retombe en dessous d'un seuil de référence. Dans le second exemple nous avons affaire à un organisme éveillé qui se trouve exposé à des stimuli externes plutôt qu'interne. Daniel Berlyne affirme qu'un « aiguillon », c'est-à-dire un accroissement et un décroissement soudain du niveau d'excitation, est nécessaire pour produire une expérience affective[7]. Dans la troisième expérience, il s'agit d'un enfant exposé à une stimulation cognitive provoquée par une discordance entre un stimulus et un schéma interne. Jérôme Kagan propose la théorie suivante : pendant que l'enfant essaie d'éliminer le désaccord, la tension va monter jusqu'à ce qu'il ait assimilé le stimulus, c'est-à-dire résolu le problème ; c'est à ce moment que la tension se dissipera et dans son comportement, cela se traduira par un sourire[8]. Le quatrième exemple provient des travaux de Sroufe sur le rire des petits enfants ; il remarque le fait suivant : pour qu'un son provoque le rire chez l'enfant, il faut que ce son produise une « fluctuation de tension » brusque. Le genre de son le plus efficace à produire cette rapide fluctuation était un stimulus qui croissait rapidement en intensité et qui s'arrêtait ensuite brusquement. Une tension intense et une retombée brusque furent le meilleur moyen pour provoquer le rire.

La question reste toujours posée : à quel moment l'enfant éprouve-t-il du plaisir ou du déplaisir ; est-ce quand la tension monte ou quand elle descend ? Freud est catégorique à ce sujet. Pour lui, l'augmentation de la tension s'accompagne toujours de déplaisir, et seule la réduction de la tension procure du plaisir. Kagan suggère que pour des stimuli cognitifs, la montée de la tension est légèrement négative ou incertaine en ce qui concerne la qualité de l'affect. Par contre le décroissement de la tension provoqué par une assimilation réussie est affectivement positive tandis qu'un décroissement de la tension provoqué par une mauvaise assimilation et par un évitement du stimulus est affectivement négatif. Sroufe occupe la position la moins compromettante en maintenant que la croissance de l'excitation peut donner lieu à un affect positif, négatif ou neutre. Ceci dépend des conditions et du contexte dans lesquels la stimulation apparaît. De la même manière, la phase de réduction de l'excitation peut donner lieu à un affect positif ou négatif. La nature de cette modulation dépend de nouveau de la nature de l'engagement de l'enfant avec le stimulus et du contexte de cet engagement.

Selon certains critères, toute activité maintenue ou répétée peut procurer du plaisir. Le fait que, durant la phase d'accroissement, l'enfant perçoive que le stimulus maintient son attention — ce qui va permettre à l'excitation de s'accroître — prouve que cette phase est agréable, même si elle ne va pas jusqu'à provoquer des sourires ou un éclat de rire. C'est une façon de tourner autour du pot pour dire que si l'on veut que la différence soit nettement marquée entre la phase d'accroissement et la phase de diminution de la tension, les stimuli qui provoquent la croissance de la tension doivent être capables de capter et de retenir l'attention de l'enfant.

Jusqu'à présent, j'ai accordé mon crédit aux théories portant sur les éléments qui déterminent l'orientation de l'affect. Quels sont les modèles ou les séquences de phénomènes susceptibles de provoquer la joie ou les pleurs ? Nous ne pouvons tout simplement pas toujours le dire. Manifestement, les stimuli qui sont trop intenses ou trop déplacés, ou qui font monter la tension trop vite ou avec trop de fluctuations seront ressentis avec aversion. Cependant, l'assaut de stimulations, disons un chatouillement ou une chanson d'une intensité et d'un taux d'accroissement « idéal » pourrait provoquer chez le bébé soit une vive joie soit des larmes. Nous ne connaissons pas encore les facteurs complexes dont dépendent ces réactions. Ces facteurs comprennent sans doute la qualité et la tendance de l'état et de l'affect du bébé au moment de la stimulation ; ces réactions dépendent aussi de la situation et du contexte — ce qui suppose un arrière-plan composé d'événements antérieurs semblables — et de l'état d'autres systèmes rythmiques tels que la faim et l'éveil. L'affect reste toujours un semi-mystère mais nous commençons au moins à entrevoir sa relation avec la stimulation, l'attention et l'excitation.

La maison: un monde de stimuli

Une des différences principales entre les stimulations procurées à la maison et en laboratoire, c'est que la stimulation telle qu'elle est prodiguée par les parents est beaucoup plus hétérogène et variable. A la maison, c'est presque exclusivement la mère elle-même et son comportement qui constituent les stimuli interactifs. Le visage, la voix et le corps de la mère changent constamment et ces changements sont souvent spectaculaires. C'est pourquoi il est très difficile de parler *du* niveau du stimulus que constitue une mimique ou un son ou un comportement de la mère puisque le niveau du stimulus varie au cours de l'accomplissement même de chaque acte. Néanmoins, les généralisations que nous avons tirées de l'examen de stimuli plus statiques et plus constants provoqués en laboratoire, nous seront d'un grand secours pour la compréhension des actes maternels très variés. Nous nous rendons compte que presque tous les comportements sociaux que l'enfant provoque sont très dynamiques. C'est à la fois un avantage et un inconvénient. Pour conceptualiser l'effet d'un stimulus fluctuant sur l'attention ou sur l'excitation, nous devons examiner comment le niveau du stimulus évolue dans le temps. N'importe quel comportement social provoqué par l'enfant fournit un exemple adéquat. Prenons l'expression de simulation de surprise. On peut représenter sur diagramme (voir figure 5) l'intensité du stimulus croissant et décroissant pendant toute la durée de l'expression.

Dans la situation créée en laboratoire, l'ampleur de la manifestation, à n'importe quel moment de l'exécution de l'expression, est fonction de l'intensité de la stimulation. Si au lieu d'un stimulus visuel nous choisissions une vocalisation comme «Hiiiiya» provoquée par l'enfant chez son partenaire, il nous serait possible de dessiner une courbe semblable dont les variations reflèteraient les changements

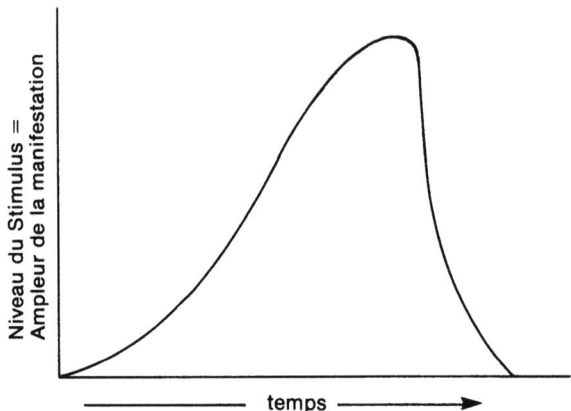

Figure 5. Manière dont le niveau d'un stimulus, consistant en l'ampleur de la manifestation, peut changer durant la durée de son exécution.

du volume et du timbre. Si nous considérons le comportement de la mère sous cet angle, nous en arrivons aux mêmes conclusions qu'en laboratoire à propos de la relation entre le niveau du stimulus (perceptif ou cognitif) et le niveau d'attention et d'excitation. L'attention et l'excitation de l'enfant croissent et décroissent en fonction des variations du stimulus présenté par la mère.

Alors que chaque événement-stimulus a sa propre histoire locale, cet «événement» et son histoire locale n'ont pas lieu dans le vide ou sans relation avec l'ensemble des événements précédents. Nous devons considérer, pour une série de tels événements, les tendances des niveaux de stimulation et d'excitation. Ici aussi, nous constatons des seuils supérieurs de tolérance. Un stimulus qui était tolérable, voire fascinant, quand il survenait lors d'un faible niveau d'excitation pourrait être intolérable s'il survenait à un moment d'excitation plus intense — puisqu'alors ce stimulus «pousserait» le degré d'excitation au-delà du seuil supérieur.

Nous réintroduisons maintenant un élément de temps puisque nous devons considérer comment la mère module réellement le niveau du stimulus d'une action pendant la durée de son exécution. Nous serons donc mieux à même de voir comment elle peut provoquer et régulariser l'affect chez l'enfant. Nous pouvons dessiner un nouveau diagramme pour montrer les deux façons différentes par lesquelles la mère peut moduler l'ampleur de la manifestation d'une expression de surprise (voir figure 6). Sur la courbe 2, mais non sur la 1, nous reconnaissons la ligne fortement descendante due à l'accélération rapide, le changement radical et la retombée vertigineuse du niveau de stimulation. Alors que la courbe 2 pourrait aboutir à un sourire, la courbe 1 refléterait plutôt le maintien de l'attention.

Etant donné l'énorme flexibilité des capacités de la mère à exécuter des actes provoqués par l'enfant — selon des distributions différentes dans le temps — il lui est possible de contrôler de façon satisfaisante l'attention, l'excitation et l'affect de l'enfant. Je dis « possible » car l'enfant a aussi son rôle à jouer.

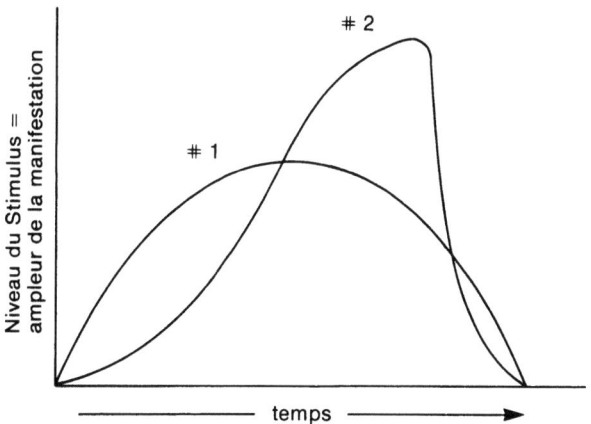

Figure 6. Deux façons où le niveau du stimulus, ou ampleur de la manifestation, peut changer durant la période de son exécution.

Une deuxième différence importante entre une stimulation expérimentale ou maternelle concerne la manière de définir, d'une manière descriptive et fonctionnelle, l'unité que nous appelons stimulus.

Comme nous l'avons vu, la tâche est relativement aisée dans le cas d'une situation expérimentale. Puisqu'elle représente une entité pré-définie, elle peut comprendre une série complexe d'événements aussi bien qu'un seul événement. A la maison, avec une mère qui se comporte naturellement, la tâche n'est pas aussi simple. L'ensemble des stimulations qui nous intéresse est souvent un amalgame de différents stimuli où la première tâche est de découvrir qu'un tel mélange existe comme une entité régulière et agit comme un seul stimulus. Une fois que les régularités définissables dans le comportement de la mère ont été identifiées en tant qu'unités qui se répètent et qui agissent comme des stimuli, on découvre que les généralisations sur l'accoutumance, sur la création et la violation d'attentes s'appliquent aussi aux attitudes maternelles.

Nous pouvons maintenant retourner à notre interaction enfant-mère et analyser ses buts, ses structures et ses fonctions sur base des découvertes et théories actuelles.

Chapitre 5
Où mènent les pas de la danse ?

Le but immédiat d'un jeu en face à face est de s'amuser, d'intéresser, de ravir et d'être ensemble. Pendant ces moments de jeu purement social entre mère et enfant il n'y a pas de tâche à accomplir dans l'immédiat : la mère ne doit pas nourrir bébé ni le changer ni lui donner le bain. Il n'y a pas d'enseignement à donner. En fait, si la tâche de la mère est d'apprendre quelque chose à l'enfant, il ne sera pas capable de comprendre ce que l'expérience ludique contient d'utile. Nous sommes en présence d'une improvisation typiquement humaine, régie par les « mouvements » des partenaires qui n'ont d'autre but à l'esprit que d'apprécier la présence l'un de l'autre.

On n'insistera jamais assez sur l'importance d'une telle performance, apparemment accomplie sans effort. Nous admettons tous qu'en général la première relation affective du bébé s'établit avec la personne qui s'en occupe la première. Mais en quoi consiste une relation et comment s'établit-elle ? L'enfant doit d'abord apprendre à être avec quelqu'un et à participer activement à des expériences qui sont la base de cette relation. Si le contact de la mère le gratifie de nourriture et de chaleur, il est aussi source mutuelle de plaisirs partagés, de joie, d'intérêt, de curiosité, de tressaillement, de crainte, de peur, d'ennui, de rire, de surprise, de délice, de moments calmes, de silence qui met fin à la détresse et de beaucoup d'autres phénomènes et expériences insaisissables qui constituent la base de l'amitié et de l'amour.

On peut considérer que le plaisir est le but immédiat d'un jeu et ce, pour deux raisons. Premièrement, si vous demandez à des mères pourquoi elles jouent avec leurs enfants, la plupart vous répondront: «Je ne sais pas, généralement, ça nous amuse». En fait, c'est leur expérience subjective ainsi que la sensation ultime que leur procure l'activité, qui déterminent leur réponse. La deuxième raison est plus conceptuelle et plus pratique. L'intérêt et le plaisir attirent aussi l'attention et la curiosité de l'observateur sur le sens de l'activité. De plus, ces mots (intérêt et plaisir) se traduisent aisément par les termes et concepts psychologiques que nous avons déjà analysés: stimulation, attention, excitation et affect. Ainsi traduites, ces notions d'«intérêt» et de «plaisir» deviennent plus utilisables pour toutes les démarches expérimentales ou théoriques qui nous permettront de mieux comprendre le jeu social.

Par «intérêt» et «plaisir», j'entends l'échange réciproque de stimuli d'une nature telle qu'ils peuvent engager et maintenir l'attention d'une façon suffisante pour que l'élaboration et la fluctuation de l'excitation se fassent dans des limites supportables... et que naissent des expériences affectivement positives. C'est peut-être là une façon détournée d'expliquer les choses, mais c'est tout ce que nous permet l'état d'avancement de notre science. Chaque partenaire doit veiller à la qualité, à la quantité et à la durée des stimuli, afin que l'attention, l'excitation et l'affect puissent croître et décroître, chacun dans ses limites optimales.

Comme nous l'avons vu, pour maintenir ces phénomènes dans leurs limites optimales, les stimuli ne peuvent être ni trop faibles ni trop puissants, ni trop simples ni trop complexes, ni trop familiers ni trop nouveaux. Si on répète trop souvent des événements, l'attention et l'excitation tomberont en dessous du niveau optimum; l'affect deviendra neutre. D'un autre côté, si les stimuli sont trop rigoureusement dissemblables, l'enfant ne sera plus capable de les assimiler et de les traiter mentalement. Tout ceci ressemble à une voie étroite qui requiert une navigation précise, dirigée par des calculs non moins précis et rigoureux tout au long du chemin. Heureusement, il n'en va pas ainsi. Il suffit que la maman ait simplement envie de s'amuser avec son bébé et vice versa.

Il s'avère que nous sommes des «animaux» qui recherchons très activement des activités ludiques. Nous jouons avec tout et avec rien et même avec notre propre comportement. Nous trouvons qu'il est absorbant et amusant de jouer avec nos voix, nos visages et nos gestes afin de ressentir du plaisir dans la création de nouvelles variations et combinaisons d'actes simples. Le chant, le mime et la danse sont très probablement les ritualisations culturelles de ce phénomène. Une maman en face de son bébé plein de bonne volonté ne pourra s'empêcher de jouer avec lui tout en jouant avec son propre comportement.

L'amusement dans le sens de «joie dans le jeu» est une notion-clé car il modifie nos actions et leurs conséquences. Une mère sera affectivement «vivante» quand elle s'amusera à jouer avec des instruments naturels tels que sa voix, son visage, sa tête, son corps et lorsqu'elle les orchestrera pour et avec son bébé. Elle fournira des stimulations qui — par comparaison avec tout autre source de stimuli dans un environnement normal — correspondent plus aux limites optimales des stimuli que l'enfant est, de par sa constitution, destiné à recevoir. Si elle s'amuse, son comportement consistera en ces actes sociaux suscités par l'enfant et destinés, tout au long de l'évolution à devenir le meilleur « show de son et lumière » pour l'enfant. Si elle n'éprouve pas du plaisir mais qu'elle fait semblant, la période de jeu sera plus courte que d'habitude ou bien il n'y aura pas d'interaction ludique du tout.

Une fois que le bébé s'amuse et qu'il ressent les actes de sa mère comme suffisamment intéressants pour prêter attention et changer son propre niveau d'excitation qui lui, à son tour, produira des expériences affectivement agréables, il manifestera alors son intérêt et son plaisir par des sourires et des gazouillements et par un regard vif et un visage avide. La mère ressent alors ces manifestations comme très satisfaisantes et positivement encourageantes. Elle cherchera donc à maintenir l'excitation et l'attention de l'enfant à des niveaux qui permettront à ce dernier d'exécuter les manifestations affectives qui, à leur tour, produiront en elle ces attitudes qui maintiennent des niveaux optimum de stimulation chez l'enfant. Il s'agit là d'un système de feed-backs mutuels. La mère essaie d'ajuster le niveau du stimulus de ses actes dans les limites optimales pour lesquelles l'enfant a été prédéterminé. Ils tendent donc tous les deux vers le même but, c'est-à-dire le maintien d'une série de limites optimales qui correspondent à des expériences d'intérêt et de plaisir mutuels; bref, il s'agit de se suivre l'un l'autre dans la « danse ».

La notion de « limite optimale » nous aide à évaluer le but immédiat de l'interaction. Chaque partenaire peut régler la quantité de stimulation efficace qui assaille l'enfant. Ainsi, si le niveau croissant dépasse une limite supérieure ou retombe en deçà d'une limite minimale, chacun des partenaires a à sa disposition des attitudes qui peuvent ramener le niveau dans ses limites optimales et le réajuster pour le garder en place. Cependant, la notion d'une limite fixe et rigide — qui est le but même d'un système de feed-back réciproque — n'avantage guère la flexibilité et la fluidité du système effectif dans lequel évoluent la mère et l'enfant. Jusqu'à présent, nous avons décrit ce système comme un thermostat réglé de telle manière qu'il arrête l'arrivée de chaleur lorsque la température monte au-dessus de vingt degrés et qu'il réenclenche le chauffage quand la température descend en dessous de dix-huit degrés. Et pour continuer cette analogie, mère et enfant mettent au point un système qui leur permet de modifier continuellement le niveau absolu et l'écart entre les seuils de tolérance qu'ils se sont fixés. La plupart des séances de jeu connaissent des périodes d'excitation et de grande hilarité et puis, on passe à des périodes plus calmes avant que le cycle de hauts et de bas ne reprenne. On ne peut pas prévoir avec certitude l'évolution exacte de ce processus car il change chaque jour. En tout cas, ce flux et reflux naturel nécessite que la limite optimale soit, pour ainsi dire, une cible mobile et en perpétuel changement.

Voici un autre problème crucial: comment les deux partenaires sont-ils mutuellement d'accord sur la nature et la position de l'objectif — à un moment déterminé — et comment chacun doit-il régler ses pas pour atteindre cet objectif? Il est essentiel de souligner que je parle ici du but immédiat d'un jeu face à face. La nature de cet objectif nous mène à poser certaines questions comme celles-ci: pourquoi, à un instant donné, la mère fait-elle ceci quand un instant auparavant, le bébé faisait cela? La notion d'un système de feed-backs mutuels nous permet de conceptualiser ce genre de question.

A première vue, il semble inopportun de considérer que seuls le jeu et le plaisir occupent des rôles-clés dans les interactions sociales mère-enfant. Que deviennent l'amour, et le besoin de donner des soins et le besoin de s'identifier à l'enfant? Il s'agit là de forces de motivation puissantes, que la mère ressent au plus profond d'elle-même, mais nous ne les avons pas encore examinées et ne savons en fait pas trop comment le faire. Sans doute, le jeu du face à face n'aurait-il jamais lieu si la mère n'était pas animée par ces forces puissantes et ces objectifs à long terme qui les accompagnent. Cependant, une question surgit: si la mère aime son enfant, si elle a besoin de lui et si elle éprouve la nécessité de le soigner et de s'identifier à lui, qu'arrivera-t-il quand ils seront face à face? Et comment les motifs vont-ils se traduire en actes? Et en quoi consisteront ces actes? Comment aimer son enfant pour qu'apparaisse une interaction sociale? C'est ici que le jeu et le plaisir entrent en fonction. Ils représentent un système d'opérations humaines qui sont déjà disponibles et idéalement adaptées pour effectuer le passage de motivations à long terme aux actes qui constituent l'interaction et fournissent les lignes conductrices pour l'accomplissement de tout le processus.

Les vertus de l'incohérence

Il n'y a rien de tel qu'une mère qui soit excessivement sensible à tous les actes de l'enfant et qui y réponde en conséquence. Mais une telle mère et une telle situation sont inconcevables à cause de la nature même des interactions sociales. Aussi bien la mère que l'enfant sont engagés dans un flot continu par le fait qu'ils essayent constamment d'adapter leur comportement à celui de l'autre. Les stimuli que la mère déploie en face de l'enfant et le niveau d'attention, d'excitation et d'affect tombent souvent en dessous du niveau optimal; l'intérêt est alors perdu. Mais ils peuvent pareillement grimper au-dessus de ce niveau optimal; ils sont alors reçus avec réticence ou bien rejetés. Dans chacun des cas, et la mère et l'enfant peuvent réadapter leur attitude pour ramener provisoirement le niveau à sa limite optimale. Il fluctuera à nouveau jusqu'à ce qu'il redépasse les frontières. Voilà la nature d'un système correcteur d'objectifs. La plus grande partie du jeu consiste autant à traverser et à retraverser les frontières supérieures et inférieures qu'à interagir en respectant les limites optimales.

Les vertus de l'incohérence sont claires. Par « incohérence », j'entends que la mère, plus délibérément que d'habitude, vise au-dessus ou en dessous des seuils de tolérance de l'enfant. Premièrement, ce n'est que quand un seuil est dépassé que l'enfant est forcé d'exécuter une manœuvre de résistance ou d'adaptation pour corriger ou éviter la situation. Il peut aussi signaler à la mère qu'elle doit immédiatement changer le « bain de stimulation ». Les conduites des bébés, comme celles des adultes, nécessitent une pratique constante et des occasions répétées mais légèrement différentes pour devenir des comportements complètement développés et adaptables. Deuxièmement, à moins que la mère ne prenne fréquemment le risque de franchir une frontière, soit à dessein soit par mauvais calcul, elle ne pourra jamais aider l'enfant à élargir ses limites croissantes de tolérance face aux stimulations.

Vu sous cet angle, le mélange de mauvais jours, de bons jours, de bonne humeur, de mauvaise humeur, de simulacres et de sur-compensations, tout cela fait partie du panorama des actes réels qui aident l'enfant à acquérir la capacité de faire face à des interactions sociales.

Chapitre 6
Structure et réglage temporel

Ce qui nous intéressera tout particulièrement au cours de ce chapitre, c'est la période d'interaction sociale en tant qu'unité d'activité la plus large. De telles périodes sont généralement appelées « périodes de jeu » parce qu'elles impliquent essentiellement une forme préliminaire de jeu, restreinte à l'emploi de comportements sociaux. Par une période de jeu, j'entends simplement une période limitée de temps oscillant entre quelques secondes et quelques minutes, où un partenaire (ou les deux) concentre son attention sur les attitudes « sociales » de l'autre et y réagit avec ses propres attitudes « sociales ». Pendant les six premiers mois de la vie, ces interactions ludiques diffèrent des formes de jeux plus tardives, en ce sens qu'elles s'accomplissent sans recours à des jouets, artifices ou règles de jeu. Le jeu ne consiste qu'en des mouvements interpersonnels.

Etant donné que la journée d'une mère (ou de toute autre personne prenant soin du bébé) est incroyablement chargée, il ne reste pas beaucoup de temps pour le jeu après toutes ces tâches inévitables telles que nourrir bébé, le changer et le mettre au lit, sans mentionner toutes les autres activités qui n'ont aucun rapport avec le bébé. Cependant, les périodes de jeu ne nécessitent pas une rupture dans l'horaire journalier. Il s'agit là de périodes que l'on s'accorde ou qui surviennent souvent spontanément au cours d'autres activités; activités qui, par le fait même, sont oubliées pour un moment.

Certaines mères essaient, dans la mesure du possible, d'organiser leur horaire de façon à ce que les périodes de jeu occupent une place assez régulière. Certaines trouvent que l'enfant est le plus enclin à jouer juste quelques minutes avant le repas. D'autres bébés ont trop faim et sont donc trop difficiles à ce moment-là, mais ils joueront pendant plusieurs minutes d'affilée au milieu du repas quand leur faim sera apaisée. D'autres sont plus disposés à jouer après le repas ou avant d'aller dormir. D'autres couples mère-enfant saisissent l'occasion de jouer lorsque la mère change les langes ou donne le bain. En général, mère et enfant saisiront toutes ces occasions pour se livrer à une séquence de jeu. En ce qui concerne nos objectifs, il importe peu de savoir quand une telle séquence se déroule. Une fois qu'une période de jeu commence, toutes les autres occupations extérieures s'arrêtent et les actes interpersonnels — qui caractérisent le jeu social — prennent le dessus et sont essentiellement pareils, peu importe la nature de l'activité qui précédait ou celle qui s'ensuivra.

Il peut paraître étrange qu'on n'accorde pas un statut « d'activités structurées de façon régulière » à ces périodes de jeu qui occupent une place cruciale dans le développement, mais qu'on les insère plutôt sans les organiser dans une série d'autres activités. En réalité, puisque le jeu à deux ne peut avoir lieu que lorsque le bébé est éveillé, — ce qui ne représente qu'une petite partie de la journée — une partie considérable de son temps d'activité est consacrée au jeu social. En conséquence, même si parfois cette activité peut nous sembler passagère et rare et insérée entre d'autres activités, elle acquiert néanmoins une très grande importance dans le monde des expériences de l'enfant. En fait, comme nous l'avons vu, tant la sensibilité de la mère que celle de l'enfant — l'un à l'égard de l'autre — sont conçues de manière à ce qu'elles augmentent au maximum la probalité de déclenchement de cette activité mutuelle, et ce, à la moindre occasion ou, plus exactement, dans un large éventail de conditions favorables.

La période de jeu

Toute période de jeu commence toujours de la même façon: les regards des deux partenaires se croisent. A ce moment, ils se dévisagent. Ce qui suit immédiatement ce moment déterminera si oui ou non une séquence de jeu aura lieu. Si la mère ou l'enfant détourne le regard pour une raison quelconque, la période de jeu avorte très souvent, du moins pour un moment. S'ils soutiennent le regard, ils doivent alors signaler l'un à l'autre qu'ils sont disposés à s'engager dans une interaction sociale. La mère le signale par une expression faciale, comme par exemple le froncement des sourcils, l'écarquillement des yeux, l'ouverture de la bouche, un mouvement de la tête, comme c'est le cas lorsqu'elle simule la surprise. L'enfant de son côté — surtout quand l'excitation augmente — fournit sa version de ce qui paraît être un comportement semblable, qui est probablement calqué, avec peu de changement, sur la réponse d'orientation. Il écarquille les yeux, ses sourcils — dans la mesure où il peut les contrôler — montent et descendent d'une manière hésitante; il ouvre souvent la bouche et sourit et il tourne la tête pour regarder sa maman de face. Cela ressemble parfois à un hochement de la tête d'avant en arrière comme on en fait lorsqu'on l'on vise une cible. Parfois la tête et le cou s'étirent en avant dans un mouvement d'approche. Pour la mère, ces mouvements et manifestations sont des signaux qu'émet l'enfant; signaux conformes à l'invitation qu'il vient de recevoir. Dès qu'ils ont échangé ces signaux et soutenu réciproquement leur regard, la période de jeu est entamée.

Il est important de noter que pendant ce « cérémonial », (qui peut ne durer que quelques secondes, puisque les deux partenaires agissent en même temps) deux autres événements essentiels pour l'accomplissement de la période de jeu ont également eu lieu. Premièrement, pendant l'échange de « salutations » ou de signes indiquant la disponibilité, toutes les autres activités ont cessé et chaque partenaire a capté toute l'attention de l'autre. Deuxièmement, le seul accomplissement des actes d'amorce suscite une réorientation de telle façon que les deux partenaires se retrouvent dans une position face à face. Souvenons-nous que c'est dans cette position que les modifications des expressions faciales, du regard et des mouvements de la tête sont les plus visibles et constituent les signaux les plus efficaces.

Evidemment, toutes les séquences de jeu ne débutent pas par une telle explosion d'enthousiame partagé ni par des signaux simultanés indiquant la disponibilité. Le plus souvent, il y a de faux départs : on les observe généralement lorsque la mère prend l'initiative mais que l'enfant refuse de regarder ou de répondre. Après plusieurs faux départs, le jeu peut quand même commencer. Les faux départs sont souvent nécessaires pour amener le bébé à un état suffisamment alerte pour qu'il puisse interagir.

Toute période de jeu (si elle est assez longue) se subdivise en deux unités plus courtes qui succèdent l'une à l'autre: les épisodes d'engagement constitués d'une série d'attitudes sociales; les temps morts qui ont plus la qualité de périodes de repos ou de silences et qui permettent de réadapter l'interaction avant de se réengager.

Un épisode d'engagement

Un épisode d'engagement se caractérise par une séquence d'attitudes sociales de durée variable et limitées par un temps de pause. Un épisode est souvent introduit par une attitude de « salutation », du moins de la part de la mère, moins souvent de la part de l'enfant. De cette manière, le déclenchement de chaque période d'engagement ressemble au début d'une période de jeu, avec la seule différence que les expressions de salutation deviennent moins abondantes et moins exagérées. Néanmoins, certaines mères ne manqueront pas de resaluer leur enfant au début de chaque épisode — ce qui peut arriver plusieurs fois en une minute. Durant l'épisode d'engagement, la mère produit des attitudes discontinues telles que des vocalisations et des attitudes physiques à une cadence incroyablement régulière, si bien que chaque épisode a son propre rythme. La régularité du rythme me surprit un peu en ce sens qu'une mère peut modifier et modifie de temps à autre les degrés d'accent, de vigueur ou d'amplitude des mouvements et des sons, donnant ainsi l'impression d'en modifier constamment le flux mais sans en changer le rythme de façon significative.

Chaque mère peut modifier le tempo d'un engagement à l'autre et en fait, elle possède fort probablement un large éventail de tempos caractéristiques. Il serait intéressant de se demander si ces tempos varient avec les individus, les cultures, l'âge du bébé, et quelles peuvent être les conséquences de ces différences sur le développement du nourrisson. Mais le point important, c'est que pour un couple donné, le tempo est généralement conservé une fois qu'il a été établi pour un épisode particulier. L'adoption d'un rythme relativement régulier dans la suite de comportements qui forment les épisodes d'engagement s'applique aussi bien aux attitudes vocales qu'aux autres. L'«addition» du son au mouvement ne modifie en rien le tempo. Que la mère parle ou qu'elle bouge simplement, elle offre à l'enfant un flux discontinu d'attitudes humaines qui arrivent à des intervalles plus ou moins réguliers. Donc, durant chaque épisode, l'enfant est confronté avec un monde de stimuli suffisamment prévisibles qui lui permettront de se forger des attentes.

Un grand nombre de comportements humains se caractérisent par un déploiement fluctuant mais qui se maintient à l'intérieur de certaines limites et qui se conforme à un tempo prévisible. J'ai l'impression que les adultes établissent des rythmes plus réguliers de comportements vis-à-vis des bébés que vis-à-vis d'autres adultes. En tout cas, le monde de stimuli de l'enfant se caractérise principalement par ses structurations temporelles. Celles-ci s'appliquent aussi bien aux gestes humains qu'aux autres stimuli. Il est probable que l'ensemble des tempos des actes maternels et des fluctuations momentanées qui s'y rapportent s'accordent bien aux structures temporelles des capacités de perception et d'assimilation de l'enfant (c'est-à-dire à sa vitesse de réaction). Notre connaissance des processus d'attention et de cognition de l'enfant nous permet de prévoir qu'un tempo généralement régulier — à variations limitées mais presque constantes — serait plus approprié pour attirer et retenir l'attention de l'enfant qu'un tempo exagéré ou fixe ou imprévisible. Nous nous attendons à ce qu'un événement humain biologiquement important, tel que la tentative de communiquer et de créer des liens affectifs, soit structuré dans le temps de telle façon qu'il puisse s'harmoniser avec les tendances innées de réponse de l'enfant. Nous admettons maintenant que la forme du visage est telle que les caractéristiques de ses stimuli visuels correspondent parfaitement aux préférences visuelles innées du bébé. J'élargis maintenant le concept pour inclure les structurations temporelles des comportements sociaux et humains.

Quelle est la signification de ce tempo assez régulier ? C'est une question assez intriguante. Une tendance principale dans la vie mentale du bébé est la formation et le test d'hypothèses. La création d'attentes (temporelles ou autres) et l'évaluation des déviations et divergences, par rapport à la forme prévue, occupent une place des plus importantes dans cette tendance essentielle. Par conséquent, un stimulus temporel idéal ne peut être absolument régulier et fixé. Si tel était le cas, il n'y aurait pas de déviations à évaluer ni rien qui puisse prolonger l'engagement du processus mental de l'enfant. Il s'y habituerait très vite. Mais si d'un autre côté, les déviations attendues étaient soit trop grandes, soit trop irrégulières pour qu'il lui soit possible de les englober, l'enfant serait sans doute incapable de les percevoir en tant que déviations. C'est-à-dire qu'elles n'auraient aucun rapport avec le stimulus référent attendu. Une fois de plus, l'enfant ne pourrait pas conserver et maintenir son intérêt et son engagement cognitif. Selon notre conception actuelle des processus cognitifs de l'enfant, le stimulus temporel — le mieux adapté à maintenir l'intérêt et l'engagement — doit comporter un rythme régulier (pour permettre la formation d'une attente) mais avec une variabilité limitée, du moins acceptable (pour engager et maintenir les processus d'évaluation de l'enfant). Le rythme que la mère adopte pendant ces périodes d'engagement convient idéalement pour maintenir l'attention et l'implication cognitive.

Finalement, durant un épisode d'engagement, il n'y a généralement qu'une seule intention majeure, par exemple : capter et maintenir l'attention de l'enfant ou entamer un jeu comme celui de « la mère qui poursuit et de l'enfant qui s'enfuit ». Ce n'est généralement qu'une partie du répertoire des comportements du partenaire qui donne suite à l'intention majeure qui sous-tend cet épisode. En ce sens, un épisode d'engagement est en quelque sorte comparable au paragraphe dans un écrit : c'est comme une unité d'un sujet plus vaste.

Temps morts

Un temps mort se traduit par un « silence » comportemental relatif, silence vocal et cessation relative des mouvements[1]. Ces pauses dans le flux continu sont nécessairement de plus longue durée que toutes les autres pauses à l'intérieur de la séquence d'attitudes discontinues qui constituent un épisode d'engagement. Nous remarquons qu'elles durent presque toujours plus de trois secondes. Les temps morts s'accompagnent généralement d'une interruption de l'attention visuelle accordée à l'enfant. En général, cela signifie simplement que la mère détourne son regard et porte son attention sur autre chose. Si elle oriente son regard sur une autre partie du corps que le visage, elle peut également interrompre l'interaction. Dans chacun des cas, un changement de niveau dans le comportement de la mère n'est pas nécessaire mais la direction ou la concentration de ses actes seront modifiés.

La plupart des périodes de temps mort semblent apporter un changement dans le comportement et dans la concentration de l'attention. L'exemple le plus commun est celui où la mère se renverse doucement dans sa chaise pour un moment, et regarde souvent ailleurs en attendant de réengager son attention et de relancer une nouvelle séquence d'attitudes.

L'épisode d'engagement et le temps mort consécutif semblent fonctionner comme des systèmes de réajustage dans le réglage de l'interaction. Durant chaque épisode d'engagement, la mère et l'enfant essaient tous deux de ne pas excéder les limites optimales de l'excitation et de l'affect. Les épisodes d'engagement touchent à leur fin lorsqu'une limite (supérieure ou inférieure) est dépassée ou menace de l'être. Le plus souvent, l'enfant signale cet excès ou cette faiblesse d'intensité de l'engagement. Pendant le temps mort qui suit, les situations interpersonnelles peuvent être reconsidérées (presque toujours inconsciemment), c'est-à-dire qu'il est possible d'évaluer la tendance interactive en fonction des niveaux et directions de l'attention, de l'excitation et de l'affect. Ensuite, sur base de cette information, de nouvelles stratégies de correction immédiate d'objectifs sont élaborées et mises à l'épreuve durant la période d'engagement suivante, et ainsi de suite. Chaque épisode d'engagement offre donc la possibilité de réorienter l'interaction sur une voie différente. Il est intéressant de noter que les périodes de temps morts sont aussi des moments potentiellement importants de liaison et de réorganisation. La mère utilise très fréquemment ces arrêts relatifs de l'interaction pour ralentir celle-ci.

Actions répétitives

Il s'agit là d'une série de comportements répétés qui se manifestent au cours d'une séquence entière de comportements dont est constitué un épisode d'engagement. La plupart des épisodes comprendront plusieurs groupes d'actions répétitives distincts. La répétition d'une attitude est un trait commun mais marquant dans l'ensemble des actes que la mère accomplit réellement avec son enfant durant une séquence normale de jeu. Ce caractère répétitif se traduit dans les paroles qu'elle adresse à l'enfant, ainsi que dans les expressions de son visage et dans les mouvements de la tête et du corps. Snow, parmi d'autres, fit remarquer que les mères devraient avoir recours à la répétition en tant que moyen susceptible de faciliter l'acquisition et la compréhension du langage chez le jeune enfant qui apprend à parler[2]. Cependant, le phénomène que je désire souligner est quelque peu différent et plus général. Le comportement maternel utilise la répétition dans toutes les modalités : vocalisation, mouvements, expression faciale, stimulation tactile et kinesthésique. De plus, les mères utilisent la répétition très tôt dans le développement de l'enfant (on peut s'en apercevoir dans les pouponnières); à ce stade il ne peut être question d'enseigner à un enfant certaines choses en les répétant. Au mieux, on peut considérer l'utilisation pédagogique de la répétition comme une utilisation particulière de ce phénomène d'ordre plus général.

Le nombre de fois que la mère peut répéter un geste est assez impressionnant. Quand nous mesurons des attitudes verbales ou non verbales nous découvrons que trente à quarante pour cent de toutes les expressions vocales et faciales, de même que des mouvements de la tête (disons un hochement de la tête), sont des répétitions de l'attitude précédente. La durée moyenne d'une action répétitive est un rien supérieur à trois unités de temps.

Il est intéressant de se demander pourquoi les mères se répètent aussi souvent. La réponse la plus simple est probablement qu'elles tombent à court de paroles et de gestes dans des situations où en fait, ce qu'elles disent n'a pas beaucoup d'importance, du moment qu'elles maintiennent le flux de la stimulation. Cette explication semble peut-être diminuer l'importance du phénomène de répétition mais ce n'est pas du tout le cas. Ce qui sans doute importe moins, c'est ce que la mère dit réellement. L'important, c'est la musicalité des sons qu'elle produit. De ce point de vue, l'action répétitive acquiert son importance en tant qu'unité structurelle et fonctionnelle dans l'interaction.

L'ensemble des comportements sociaux de la mère peut être comparé à une symphonie, dans laquelle les expressions faciales, vocalisations, mouvements et attouchements se modifient constamment et forment les éléments musicaux. Par analogie, nous ne nous sommes intéressés jusqu'à présent qu'aux différentes notes et expressions qu'elle utilise, aux limites de leur intensité, à leur qualité et à leur durée, et aussi à la variété d'instruments dans son répertoire. Ce n'est que maintenant que nous portons intérêt à la façon dont ces éléments sont structurés dans le temps pour former des systèmes plus vastes. Nous venons d'étudier comment divers tempos sont agencés et la manière dont ils opèrent. Grâce à l'action répétitive, la mère peut créer des thèmes comportementaux et les faire varier. En effet, la plupart des actions répétitives ne reprennent pas exactement l'unité précédente et il y a introduction progressive de variations, comme dans le modèle suivant: «coucou ... cououcou ... cououcouou...!».

Mais le trait le plus significatif de l'action répétitive, c'est qu'elle consiste en une présentation de stimulation immédiatement suivie d'une nouvelle présentation de ce stimulus, identique, ou légèrement modifié. La forme générale de cette action peut donc être conceptualisée en tant que présentation et re-présentation d'un thème avec ou sans variations. Plus de la moitié des répétitions, qu'elles soient vocales ou non verbales, comptent des variations. Cette forme de thème et de variation, telle qu'elle est produite par les mères au moyen de leur propre comportement, peut prendre plusieurs aspects. En effet, le thème et la variation peuvent changer d'une répétition à l'autre. Lors de chaque présentation successive, ces menus changements peuvent porter sur les sons, sur l'accent, sur le timbre, sur l'intensité ou sur plusieurs de ces éléments à la fois. La mère peut aussi adopter une autre forme de thème et de variation; par exemple, le facteur temps deviendrait la variation comme dans le modèle suivant: « coucou chéri... coucou chéri...... coucou chéri...... coucou chéri ». C'est un peu l'inverse de ce que nous observons en musique. Cette forme de thème et de variation est comparable à un chant où les thèmes lyriques donnent le rythme qui maintient la structure régulière tandis que l'intervalle de temps est l'élément changeant, au lieu que ce soit le rythme qui reste constant pendant que les thèmes lyriques ou la mélodie changent. Beaucoup de genres de musique utilisent cette forme inversée de thème et variation.

En tout cas, l'action répétitive est un instrument puissant pour la mère. Il lui permet de présenter et de re-présenter sous des formes légèrement différentes, tous les aspects du comportement communicatif et expressif de l'homme. Etant donné que chaque geste socialement important est susceptible d'être répété à maintes reprises avec, chaque fois, une variation dans ses propriétés communicatives, l'enfant peut plus facilement s'adapter à un nombre toujours croissant de catégories de comportements humains différents et en élargir constamment la portée. Donc, lorsque la mère essaie de faire participer l'enfant, de l'amuser et d'éviter qu'il s'ennuie, elle crée des thèmes et des variations de son et de mouvement.

Grâce à la nature de ses processus mentaux, l'enfant retransposera graduellement ces variations de son et de mouvement dans les systèmes de comportements sociaux qu'il doit assimiler et dans lesquels il doit s'intégrer.

Un système de fractions de seconde

Mère et enfant, comme tous les humains, interagissent socialement dans un système de fractions de seconde. Nos attitudes sociales passent comme des éclairs et sont perçues beaucoup plus rapidement que nous ne l'imaginons généralement. En moyenne, les vocalisations, les expressions faciales ou tout autre mouvement du visage de la mère durent moins d'une seconde. Il en va de même pour les comportements correspondants du bébé. Une analyse minutieuse, image par image, du film d'une interaction ludique nous révèle que la majorité des gestes de la mère et de l'enfant durent entre 0,3 et 1 seconde [3].

La façon dont les gestes interactifs sont structurés dans le temps influence dans une large mesure notre manière de concevoir le fonctionnement d'une interaction ainsi que le modèle que nous imaginons pour expliquer ce fonctionnement. Parfois les comportements interactifs sont nettement séparés dans le temps. Par exemple, la mère fait un geste qui est suivi par un geste du bébé; après un bref instant la mère refait un geste, etc. Dans cette séquence temporelle, on s'imagine tout naturellement que chaque geste est une réponse au stimulus précédent et en même temps, un stimulus pour le geste qui suit. L'image la plus explicite pour rendre compte du fonctionnement fortuit de l'interaction et de son aspect chorégraphique est celle de la chaîne des stimuli-réponses que, pour plus de clarté, on peut conceptualiser en se référant à un match de tennis où la balle rebondit d'un côté à l'autre du filet. Ceci est un modèle à la portée de tous. Cependant, les événements comme nous les observons, ne sont pas aussi ordonnés. La plupart du temps — du moins pendant une période d'engagement — les actes de la mère et de l'enfant se chevauchent. Mais même dans ce cas, il reste souvent assez de temps (temps de réaction) entre le geste d'un des partenaires et le geste de l'autre pour que nous puissions considérer le deuxième comme une réponse au premier. Le modèle reste intact. Il est fréquent cependant, qu'il y ait trop peu de temps entre les deux gestes pour que nous puissions parler de réponse (le temps entre les deux gestes est plus court que tous les temps de réaction jamais observés). Les deux partenaires peuvent rendre les choses encore plus complexes en commençant leur acte au même moment et là, notre modèle d'une simple chaîne de stimuli-réponses ne convient plus très bien.

Quand mère et enfant agissent synchroniquement et bien en deçà du temps de réaction, force est d'admettre qu'ils suivent un programme mutuel. Une meilleure analogie pour ce modèle serait la valse, pour laquelle chacun des partenaires connaît les pas et la musique par cœur et peut donc évoluer exactement en même temps que l'autre, contrairement à l'analogie entre la suite de stimuli et réponses et le match de tennis. Comment pouvons-nous réconcilier ces différents points de vue et explications des mécanismes internes d'une interaction entre deux personnes ? Par souci de clarté, cela vaut la peine de compléter l'image en analysant plus attentivement le domaine temporel de plusieurs autres exemples d'échanges interpersonnels.

Quand et sous quelle forme substantielle se présente le stimulus principal ? La réponse n'est pas toujours très simple. Admettons que vous rencontriez dans la rue une de vos connaissances que vous n'avez plus vue depuis un bon bout de temps. Il y aura à ce moment tout un programme sur la façon de l'approcher; à quelle distance chacun dira-t-il : « salut ! » à l'autre, avec quelle intensité ce « salut ! » devrait-il être dit, et quel degré d'animation devrait-il susciter ? L'aspect de ce programme dépendra de la nature de votre relation dans le passé, et du temps écoulé depuis votre dernière rencontre. Si, sur la base de votre propre évaluation de la relation, vous dites « Salut ! » pendant 0,5 seconde, et que vous attendez la même chose, mais que vous ne recevez qu'un « salut ! » de 0,3 seconde, vous vous en irez probablement rapidement en vous demandant ce qui se passe et en passant en revue les événements survenus depuis votre dernière rencontre. D'autre part, si le « salut ! » avait duré 0,8 seconde au lieu des 0,5 seconde, auxquelles vous vous attendiez, vous auriez pu vous demander : « Qu'est-ce qui se passe ? », ou dans un autre contexte : « Qu'est-ce qu'il me veut ? ».

Dans ce type d'expériences (qui sont à l'origine de nombreuses surprises), l'élément significatif qui détermine la réponse n'est pas tellement l'événement stimulus apparent (le « salut ! »), mais plutôt le degré de déviation entre le programme tel qu'il est vécu et le programme préconçu (anticipé). Une mauvaise association temporelle de quelques dizièmes de seconde entre le stimulus parlé et le stimulus attendu devient, en fait, l'événement stimulus réel. De plus, ce stimulus effectif n'apparaît pas avant la fin du « salut ! » de 0,3 seconde et à l'inverse ne se manifeste qu'après 0,5 seconde dans le cas du « salut ! » trop long. Ce phénomène relève en définitive de ce système de fractions de seconde. Dans ce cas, nous ne pouvons comprendre la valeur d'un stimulus et d'une réponse qu'en fonction de leur rapport avec un programme comportemental accompli.

Voici un autre exemple d'un échange humain différent et quelque peu invraisemblable. Il s'agit d'un match de boxe qui démontre bien les problèmes complexes que pose la compréhension des interactions bien coordonnées. A un certain moment, pour des raisons qui n'ont rien à voir avec le sujet qui nous occupe, je voulus savoir en combien de temps un homme pouvait exécuter un ample mouvement du bras. A cette fin, j'analysai un film sur Mohammed Ali en train de boxer et je comptai combien d'images il lui fallait pour asséner un coup du poing gauche, sachant que l'image représente un temps de 1/24 seconde. Il est supposé avoir le gauche le plus rapide dans le monde des poids lourds. Pendant le premier round (très animé) du combat qui opposait Mohammed Ali et Mildenberger, pour l'obtention du titre mondial de champion des poids lourds en 1966, Ali asénait 53 % de ses «gauches» en un temps plus court que le temps de réaction visuel le plus rapide, c'est-à-dire 180 millièmes de seconde, comme on l'admet généralement. A ce propos, 36 % des coups de Mildenberger étaient plus rapides que 180 millièmes de seconde; mais il n'était cependant pas célèbre pour sa rapidité. Le but de ce «détour» évident est de montrer qu'un punch en boxe ne peut être considéré comme le stimulus dont la réponse est la fuite ou le blocage, même si c'est ce que l'on aurait pu déduire avec un minimum de bon sens. D'après notre connaissance du temps de réaction (le temps entre la première vision du stimulus et le début de la réponse), au moins 53 % des coups d'Ali auraient dû atteindre leur but, mais ce ne fut le cas que pour une minorité. On peut avancer que Mildenberger réagissait à un stimulus — à un signe — qui précédait le véritable coup. Cependant, un lutteur de la trempe d'Ali ne «télégraphie» pas ses punchs à l'avance et par conséquent, tenter de remonter dans le temps pour retrouver *le* stimulus efficace, aboutirait très probablement à un échec. Une fois de plus, nous sommes forcés de regarder au-delà d'*un* stimulus et d'*une* réponse isolés; nous devons envisager des séquences plus longues de comportements programmés.

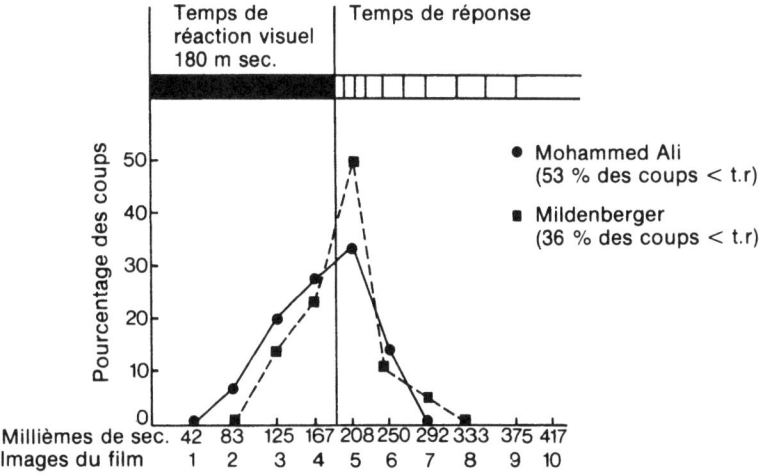

Figure 7. Durée d'un coup de poing pendant le premier round du combat qui opposait Mohammed Ali à Mildenberger pour l'obtention du titre de champion du monde des poids lourds en 1966.

Il est plus raisonnable de considérer un punch ou une esquive comme une tentative de provocation ou de « sondage de l'adversaire » de la part des deux lutteurs, pour comprendre et prévoir les séquences des mouvements de l'adversaire ou pour le forcer à adopter un répertoire plus restreint de gestes programmés; répertoire qui est donc plus prévisible. Vu sous cet angle, le punch réussi reflète l'habileté d'un lutteur à décoder la séquence de gestes de son adversaire pour que le geste suivant soit anticipé correctement dans le temps et dans l'espace. C'est vraiment stupéfiant de voir avec quelle rapidité les humains acquièrent la connaissance de la « topographie » temporelle et spatiale des séquences de comportements d'une autre personne, même si le but principal d'une activité comme la boxe est de maintenir le flux des séquences à un débit constant et de rendre ces séquences aussi imprévisibles que possible.

L'exemple de la boxe est riche d'enseignement car il nous démontre dans quelle mesure nos programmes comportementaux sont vraiment prévisibles quand bien même ils sont conçus de manière à être totalement inattendus. Au contraire, la vitesse et la précision avec lesquelles nous pouvons former des schémas spatio-temporels du flux comportemental d'une autre personne n'est pas si surprenante quand le but de l'activité est de déployer et de partager des programmes de comportements.

Revenons-en à la valse qui illustre bien la participation à un programme commun. Dans les exemples précédents (du « salut ! » et du match de boxe), il nous est apparu nécessaire d'introduire la notion de programme. Si nous examinons la valse comme un exemple évident de programme commun, nous remarquons qu'il est nécessaire de recourir à quelques explications directes ayant trait au modèle stimulus-réponse. Nous pouvons commencer à n'importe quel moment dans la danse. Le conducteur doit, à la fin d'une mesure, indiquer à sa partenaire de quel côté ils vont tourner. Ce signal est transmis par une pression de la main, par l'inclinaison du corps, etc. Une fois que la partenaire qui se laisse mener a répondu au stimulus et que la « route » est tracée, les deux partenaires peuvent suivre le programme connu et se mouvoir en harmonie pour une courte période : « un, deux trois — un, deux trois » jusqu'à ce qu'une décision doive à nouveau être prise après une mesure ou deux. Puis un nouvel échange mutuel de stimulus-réponse réoriente la direction générale de leurs mouvements quand ils réempruntent la séquence commune « un, deux trois ». Plus ils dansent ensemble, plus ils peuvent combiner des figures programmées sans avoir recours à un stimulus conducteur et à sa réponse correspondante.

Il en ressort que, en pratique, toutes les activités sociales complexes — y compris la plupart des échanges interpersonnels — nécessitent que l'on considère simultanément les séquences comportementales programmées et le paradigme stimulus-réponse. Les deux sont en action dans toutes les situations que nous rencontrons. A certains moments, l'interaction est la mieux conceptualisée (ou ressentie ?) comme un processus dyadique de stimulus-réponse; et à d'autres, comme une séquence dyadique de comportements programmés. L'interaction oscille entre les deux.

Une hypothèse est restée sous-jacente dans toute notre discussion: les adultes (et probablement les petits enfants) ont la capacité d'évaluer et de reproduire assez précisément des intervalles de temps et des séquences d'intervalles de temps. Sans des capacités considérables dans ce domaine, les 200 millièmes de seconde de différence entre le « salut ! » réel de 0,3 seconde et le « salut ! » de 0,5 seconde escompté, ne constituerait jamais un stimulus. Un lutteur ne pourrait pas non plus asséner un coup décisif s'il ne pouvait prévoir précisément quel sera l'emplacement de la cible autant de millièmes de seconde plus tard. Il en va de même pour la valse. Plus tard, nous verrons que l'enfant doit aussi être équipé d'une certaine manière pour pouvoir s'accommoder de la structuration temporelle des interactions sociales.

Nous devons donc analyser ce qu'on connaît déjà sur le timing subjectif afin d'acquérir une meilleure compréhension de ces événements. Des études portant sur les capacités qu'ont les adultes d'évaluer et de prévoir des intervalles de temps, nous ont permis de constater que nous possédons plusieurs modes de timing. Quand il s'agit d'intervalles très courts de moins de 550 millièmes de seconde, nous avons à notre disposition une méthode appelée le timing absolu, qui nous permet d'évaluer ou de reproduire ces courts intervalles avec beaucoup de précision[4]. La caractéristique principale du timing absolu, c'est que l'erreur lors de l'estimation reste toujours la même, quelle que soit la durée de l'intervalle, du moment qu'il n'excède pas la limite de 550 millièmes de seconde. En d'autres termes, quand nous évaluons un intervalle de 250 millièmes de seconde, nous pouvons nous tromper de 15 millièmes de seconde de chaque côté, mais l'erreur est identique quand nous évaluons un intervalle de 500 millièmes de seconde.

En général, la musique se joue dans la gamme du timing absolu, c'est-à-dire avec une précision de temps aussi grande que possible. L'intervalle entre les mesures que recouvrent l'adagio, l'andante, l'allegro, le presto se situe entre 0,63 et 0,29 seconde. Dans ces intervalles, on ne peut détecter que de très petites déviations de rythme et nous pouvons anticiper la mesure suivante d'une façon très précise.

Quand il s'agit d'estimer des intervalles de temps plus longs qu'une demi-seconde, on recourt à d'autres méthodes de mesure du temps. Les plus étudiées sont la méthode de Poisson et la méthode scalaire [5]. La caractéristique principale de ces deux modes de timing, c'est que, contrairement au mode du timing absolu, la précision de l'évaluation est inversement proportionnelle à la longueur de l'intervalle à évaluer, mais d'une manière différente dans les deux méthodes.

Nous avons incroyablement peu de renseignements sur les capacités de timing chez l'enfant. Pourtant il est inconcevable qu'un enfant réagisse comme il le fait et qu'il commence à assimiler son univers social, s'il (ou si vous préférez, son système nerveux) n'était pas capable d'effectuer des opérations d'évaluation de temps assez impressionnantes. Après tout, chaque événement, y compris les comportements sociaux complexes entre la mère et l'enfant se déroule dans la dimension du temps. Le réglage temporel des comportements sociaux joue un rôle majeur pour la valeur, la signification et l'affectivité du signal. Comme nous l'avons également souligné, les genres possibles d'interactions dépendent surtout de la capacité des partenaires à prévoir (évaluation du temps) le moment où le geste suivant va apparaître. La participation à des programmes de séquences comportementales dépend de cette capacité de prévision.

Que connaissons-nous de l'utilisation du timing dans les interactions sociales mère-enfant? Les mères basent surtout leurs jeux sur le chant et sur d'autres formes rapides et régulières de stimulations sonores telles que le battement des mains, le gloussement, le claquement de la langue, etc. La plupart ont un rythme plus rapide qu'une mesure par demi-seconde. De plus, les mères semblent utiliser d'une façon efficace le changement progressif — ou parfois soudain mais ténu — du tempo pour influencer l'état d'éveil ou l'affect de l'enfant. Ceci entraînerait que l'enfant devient conditionné au mouvement, quand la stimulation est répétée dans des intervalles de moins d'une demi-seconde. Il se forge des attentes temporelles (il essaie de prévoir la mesure suivante) et à un certain niveau, il devient sensible aux légères modifications du tempo.

Ce phénomène se rencontre dans beaucoup de situations communes. Par exemple quand l'enfant devient surexcité et qu'il pousse des « ahahah » excités, la mère très souvent, accélère le rythme de ses gestes pour outrepasser ceux de l'enfant. Puis elle diminue progressivement le tempo de ses paroles et de ses mouvements; elle agit comme un pacificateur pour calmer le bébé. Voici ce qu'elle dit: « Hé! hé! hé! ouais... okay... voilàà, voilàà on y va... ouais... c'est mieux maintenant... qu'est-ce qu'il y avait, chéri? ». De la même manière, la mère peut utiliser ce schéma dans le sens inverse, pour réveiller l'intérêt du nourrisson et augmenter son degré d'excitation.

Le résultat de la régulation temporelle chez l'enfant dépend très fort de l'utilisation de l'action répétitive. Elle permet à la mère de présenter des stimuli sociaux sous forme de thèmes à variations. Une des variations principales des répétitions est souvent le timing lui-même. Une des illustrations les plus frappantes nous renvoie à un exemple utilisé précédemment, le jeu répété du «je vais t'avoir»: «je vais t'avoir, jjjeeee vais... jeee vvvais t'avoir». Dans cette séquence, la mère allonge progressivement l'intervalle du son anticipé et ainsi augmente le degré de divergence entre l'excitation attendue et celle de l'enfant. L'effet ne pourrait être tel si l'enfant n'avait pas en lui un mécanisme qui évalue la durée des intervalles et forme une évaluation temporelle du moment où le prochain son survient. La différence entre le geste que prévoit l'enfant et le geste retardé de la mère constitue la divergence excitante et pleine de suspense.

Pendant la période d'engagement, les mères produisent généralement un tempo assez régulier de comportements — qu'ils soient de mode vocal ou non verbal ou des deux. Nous avons vu combien une certaine régularité est essentielle pour la formation de l'expectative (formation d'hypothèses). De plus, une certaine quantité de variables — petites mais acceptables — autour du tempo moyen, est également essentielle pour engager et maintenir le processus d'évaluation du nourrisson. En conséquence, le nourrisson est exposé à un tempo relativement variable d'une série de comportements maternels.

Le problème d'évaluation du temps chez l'enfant se pose comme tel: la mère peut, d'épisode en épisode, varier le rythme de ses comportements. Elle peut accélérer ou décélérer. Par exemple, au lieu d'exécuter un geste (disons une expression) toutes les deux secondes, elle ne le fera qu'après trois secondes. Quand l'intervalle entre chaque geste devient plus long qu'une demi-seconde, l'enfant est moins capable de prévoir exactement le moment où le prochain geste apparaîtra. En d'autres termes, la variabilité de l'estimation devient plus grande au fur et à mesure que l'intervalle à estimer s'allonge. Quand la mère modifie son tempo, l'enfant doit découvrir la nouvelle vitesse de celui-ci et voir dans quelle mesure sa variation est acceptable ou appropriée.

Récemment, nous avons mesuré un nombre de tempos différents, que les mères utilisent, ainsi que la quantité de variabilités associées à chacun d'eux. Au fur et à mesure que les intervalles entre les gestes maternels s'allongeaient, la déviation moyenne par rapport au tempo initial augmentait proportionnellement[6]. Le tempo maternel variable suivait un modèle de processus de timing scalaire. En conséquence, nous supposions que l'enfant pourrait bien avoir en lui un système qui mesure les unités scalaires lui permettant d'évaluer les comportements sociaux dans les limites excédant une demi-seconde. Un tel système fonctionne comme un élastique marqué d'un point au milieu et qui reste en place, qu'on étende l'élastique ou non. De la même manière, son système d'évaluation temporelle peut être réglé (étendu ou contracté) à une unité de temps à estimer. Ainsi la variabilité appropriée autour de l'unité à mesurer s'étend et se contracte aussi en proportion de la longueur de l'unité. Si l'enfant peut mesurer les unités scalaires, la mère peut adopter n'importe quel tempo et l'enfant réglera son « chronomètre » pour évaluer le nouveau rythme et le nouveau champ de la variable appropriée. De cette manière, son habileté à se forger des attentes et à évaluer les déviations par rapport à celles-ci, restera intacte face au large champ de tempos de la mère. De plus, si l'enfant n'était équipé de ce processus de timing, ou de tout autre système similaire, il ne pourrait que réagir face à sa mère — suivre ou conduire — mais jamais « danser » avec elle.

La capacité à évaluer et à prévoir des intervalles de temps détermine les différents processus d'interaction possibles — et a un rapport certain avec eux. Nous savons que mère et enfant peuvent s'écarter — et ils le font — des séquences de chaîne stimulus-réponse. A certains moments ils élaborent en commun des séquences qui nécessitent une «connaissance» anticipative du flux comportemental de l'autre. Finalement, nous savons que la plupart des processus sociaux-interactifs entraînent un mouvement subtil et régulier de va et vient entre des modèles d'interaction différents, de façon à maintenir un courant interactif ininterrompu. Cependant, il nous reste encore beaucoup à découvrir sur la nature et l'étendue des capacités de timing chez l'enfant, capacités qui lui permettent de participer au processus complexe d'échanges interpersonnels et de former des représentations mentales internes sur lesquelles se base une relation.

Chapitre 7
De l'interaction à la relation

Jusqu'à présent, nous n'avons parlé que des interactions entre l'enfant et sa mère. Maintenant, nous devons parler de la relation qui les unit et de la manière dont elle naît de cet ensemble d'interactions qui, toutes, contribuent à sa formation. C'est là une tâche difficile. Cette relation est fonction de l'histoire de toutes les interactions prises en particulier, mais elle suppose plus que la somme des interactions passées et présentes. Elle correspond à un type différent d'organisation, une intégration différente de l'expérience. Une image mentale permanente, un schéma, une représentation de l'autre personne constitue un de ses traits les plus caractéristiques. Dans la plupart des théories psychologiques, à commencer par la psychanalyse, cette représentation intérieure permanente est, en fait, la condition sine qua non de la permanence de l'objet.

Quand pouvons-nous dire d'un enfant qu'il est en relation avec quelqu'un? On ne peut répondre à cette question de manière absolue. Cependant, vers la fin de la première année de sa vie, l'enfant adopte un certain nombre de comportements qui nous permettent de parler en termes de « relations ». Aux environs du 9e mois, l'enfant manifeste ce que l'on appelle la « réaction face à l'étranger ». Cette réaction à l'approche ou en présence d'un étranger peut varier de la défiance modérée à une angoisse extrême[1]. Peu après que la « réaction face à l'étranger » soit apparue, la plupart des enfants commencent à manifester une « réaction de séparation » lorsque leur mère les quitte, et une « réaction de réunion » lorsqu'elle revient. La « réaction de séparation » se traduit par l'angoisse mais ici aussi l'intensité varie fortement d'un enfant à l'autre. La « réaction de réunion » laisse apparaître de la joie et entraîne une certaine affection dans les attitudes.

On admet généralement que ces repères — pris ensemble — dans le développement de l'enfant indiquent que ce dernier s'est attaché tout particulièrement à une seule personne: sa mère. Ils indiquent également que l'enfant commence à consolider une représentation interne de cette première personne; par conséquent, il commence à se rendre compte du caractère permanent des objets. Dans un tel contexte, on peut finalement parler d'une véritable relation avec quelqu'un qui est, dans une large mesure au moins, distinct de soi. La nature de ces repères, de même que ce que l'on peut en déduire, fait encore l'objet de quelques controverses. Néanmoins, il est tout à fait évident que vers la fin de sa première année, l'enfant fait un grand bond vers l'établissement de relations. En fait, nous ne savons pas s'il y a un vrai « bond » dans le développement ou si une gradation se fait soudainement plus perceptible sous l'influence d'autres changements dans le développement. Ce que nous savons, c'est que le processus n'est en aucun cas terminé à ce stade. Dans tous les cas, assez d'événements se sont produits durant la dernière partie de cette première année pour que l'on se demande de quelle manière les événements antérieurs ont contribué à cette évolution.

La tâche qui nous incombe maintenant est donc d'essayer de conceptualiser le processus par lequel une représentation interne permanente — l'élément fondamental de la relation — peut naître des expériences interactives que nous avons considérées jusqu'à présent. En fait, nous ne savons nullement comment s'accomplit cet exploit. Nous serons forcés de spéculer et d'extrapoler sur base de ce que nous connaissons à propos de la formation de schémas mentaux internes d'objets inanimés, et sur base de reconstructions judicieuses de certains psychanalystes qui se sont attaqués au problème des toutes premières représentations internes de la mère (dans l'esprit du bébé). Par convention, j'utiliserai dans les lignes qui suivent le terme « schèmes » en ce qui concerne l'intériorisation d'objets inanimés, et le terme « représentations » lorsqu'il s'agit de personnes. Pourquoi ne pas utiliser les mêmes termes et conceptualiser le même processus tant pour les êtres animés qu'inanimés ? La raison principale est d'ordre intuitif. D'un point de vue qualitatif, la nature et la sensation subjective de nos relations avec les choses semblent différentes de celles de nos relations avec les êtres humains. Par le biais de liens associatifs, on peut « agir » et « sentir » à l'égard d'un objet de la même manière qu'à l'égard de la personne que l'on associe à cet objet. Ceci est une expérience tout à fait ordinaire, tandis que l'expérience inverse est plutôt rare. Il n'est pas question non plus que l'on puisse avoir une reaction émotionnelle « pure » face à un objet tel un arbre ou une belle pierre. (Par « pure » nous entendons qu'elle ne serait associée à aucun être humain en particulier). Cependant, je me demande jusqu'à quel point ces expériences étaient, au cours de l'évolution, initialement

« prévues » pour réagir face aux stimuli humains, mais, en vertu de l'extraordinaire plasticité du fonctionnement mental de l'homme, peuvent s'étendre dans des conditions adéquates, en tout ou en partie à des objets inanimés.

Il est certain, que durant leurs interactions avec des hochets et autres jouets, les nourrissons laissent apparaître de façon visible, certaines émotions, par exemple la joie. Mais, dans ce contexte, la question est de savoir si leur réaction émotionnelle est due à l'objet en tant que tel, ou à l'expérience au cours de laquelle ils exploitent leurs propres procédés de maîtrise ou de reconnaissance. Je pencherais plutôt pour la dernière solution et je suppose que dans son expérience affective, l'enfant agit tout autant qu'il observe et évalue.

Quelques preuves appuyant cette distinction suggèrent, sans pour autant conclure, que les expériences de l'enfant avec les objets et les personnes sont de nature totalement différente. Berry Brazelton et ses collègues ont rapporté que le mouvement corporel de l'enfant en présence d'objets est différent, plus saccadé et moins gracieux comparé avec son mouvement corporel en présence de personnes[2]. Sylvia Bell pense que le « timing » de l'élaboration des schèmes d'objet et des représentations de personnes peut s'étendre tout au long de différentes phases du développement[3].

La formation des schèmes

L'œuvre de Piaget concernant la formation des schèmes d'objets inanimés pendant la première année reste la plus complète et la plus influente. Piaget a posé comme postulat que durant la première année, la formation de schèmes mentaux procède par l'intériorisation d'actions et des sensations et perceptions qui résultent de ces actions. Un schème d'action est donc constitué de deux éléments étroitement liés : l'action que l'enfant accomplit à l'égard ou sur un objet, et l'expérience sensorielle que provoque l'objet et qui est grandement déterminée par l'action particulière que le nourrisson a accomplie. Prenons par exemple un hochet dans un berceau d'enfant. D'abord il y a élaboration de schèmes d'action pour les différents événements sensori-moteurs suivants : fixer le hochet du regard et apparence du hochet; tendre la main vers le hochet et sensation lors de l'accomplissement de ce mouvement; tenir le hochet et sensation; le secouer et type de bruit produit.

Cette expérience se compose donc de deux « éléments » distincts : d'une part, l'action qui forme l'« expérience motrice » musculaire et proprioceptive, et d'autre part l'« expérience sensorielle » qui émane de l'objet, c'est-à-dire, les propriétés stimulantes particulières de l'objet qui sont perceptibles au cours de l'exécution des actions particulières. L'expérience motrice et l'expérience sensorielle sont toujours intimement liées et sont ressenties comme une seule et même unité. Chacune de ces unités sensori-motrices doit être exécutée et expérimentée à maintes reprises avant que l'unité spécifique de l'expérience soit intériorisée pour alors devenir, dans l'esprit, un schème sensori-moteur spécifique.

En même temps que chacun de ces schèmes sensori-moteurs se marque intérieurement de manière toujours plus nette, il se forme entre eux une intercoordination croissante. Des liens internes s'établissent entre les schèmes particuliers pour former ainsi un réseau qui apparaît comme un schème plus important du hochet, vu qu'il est constitué de l'intégration de tous les schèmes sensori-moteurs séparés : le hochet vu, demandé, saisi, tenu, secoué, écouté.

Supposons maintenant qu'un second hochet de nature différente soit donné à l'enfant dans son berceau. A première vue, le nourrisson n'a aucune possibilité de savoir que ce nouvel objet est également un hochet. Il utilisera les mêmes opérations que lors de son interaction avec le premier hochet et ainsi réorganisera et élargira son schème de ce premier hochet, si bien qu'il acquerra une connaissance globale du deuxième. De cette manière, l'enfant crée un plus large schème de différents objets qu'il peut voir, atteindre et ressentir, tenir, secouer et écouter. Il en résulte un schème d'une classe d'objets : les hochets qui peuvent être vus, que l'on peut essayer de prendre, qui peuvent être saisis, sentis, secoués et écoutés. C'est de cette manière que les schèmes mentaux prennent forme.

Il est important de remarquer que ce qui est intériorisé au départ en un schème n'est pas le seul objet, ni l'action elle-même, mais plutôt une interaction entre le nourrisson et l'objet, c'est-à-dire une « relation objet » active ayant la forme d'un schème sensori-moteur.

La formation des représentations de personnes

En considérant l'intériorisation d'unités d'expériences sensori-motrices en des schèmes mentaux d'objets tels que des hochets, nous n'avions que deux éléments à prendre en considération : l'expérience motrice de l'acte et l'« expérience sensorielle » de l'objet. Un troisième élément vient s'ajouter lors d'une interaction avec un participant humain, actif et vivant, dans laquelle les comportements collectifs de l'enfant et de l'« objet » (la personne qui s'en occupe) résultent en des changements internes dans l'excitation et l'affect du nourrisson : il s'agit de l'expérience excitatrice et affective de l'enfant. Par souci de concision, j'appellerai cet élément « l'expérience affective » de l'enfant, tout en insistant sur le fait quelle inclut dans une large mesure l'état d'excitation ou d'activation aussi bien que l'affect de l'enfant, et que parfois, seule l'excitation est évidente et l'affect est inféré.

Unité du processus interpersonnel

Considérons un instant les faits et problèmes traités au chapitre précédent, c'est-à-dire que tous les événements se déploient dans le temps. Le comportement humain est presque en perpétuel changement et même les expériences internes d'excitation et d'affect subissent des changements momentanés dans leur intensité et leur direction. Le sourire de la mère constitue un exemple adéquat. Est-ce que l'enfant perçoit et vit le sourire comme quelque chose d'immobile, comme une photographie, ou comme une séquence de mouvements d'une courte durée, structurée dans le temps et dans l'espace, comme une bande cinématographique ? Nous savons que des sons et peut-être des sentiments intérieurs ne sont ressentis que dans leur contexte temporel, c'est-à-dire qu'une « tranche » instantanée d'un son ou d'un affect n'a ni signification cohérente ni forme reconnaissable. Nous supposons qu'il en va de même pour les perceptions du sourire et d'autres comportements humains visualisés.

A mon avis, il existe, du moins dans le domaine des comportements interactifs humains, une sorte d'*unité fondamentale*. Cette unité de processus n'est pas nécessairement la plus petite unité de perception dans chaque modalité, mais c'est plutôt la plus petite unité dans laquelle un événement interactif dynamique peut se produire avec un début, un milieu et une fin. Une telle unité de processus ressemble au plus bref incident qui peut contenir un élément sensoriel, moteur et affectif et qui a, par conséquent, la valeur d'un signal, tout comme un événement interpersonnel.

Un son émis, une expression faciale exécutée, maintenue, puis effacée, peuvent constituer les limites d'une unité de processus interpersonnel. Il en va de même pour les mouvements discontinus de la tête, pour la plupart des stimuli kinesthésiques (un bond) et tactiles (attouchement ou chatouillis), et des gestes exécutés par l'enfant. Tous ces événements se déroulent en un laps de temps à peu près égal, allant d'un tiers de seconde jusqu'à quelques secondes. Ces unités de processus interpersonnel peuvent représenter les unités d'une expérience sensori-motrice et affective; unités qui sont intériorisées d'abord en tant que représentations distinctes qui, intégrées, constituent la représentation plus complète de l'autre personne.

Il y a quelques preuves cliniques (suggestives) qui indiquent l'existence de telles unités. Si vous demandez à quelqu'un de penser à sa mère ou à son père, il vous décrira le souvenir d'un ou de deux moments dynamiques qui correspondent relativement bien à ce que j'appelle unité de processus interpersonnel. Dans nombre d'autres situations semblables où l'on pense à une personne, les éléments qui surgissent à l'esprit sont plus ou moins de cette dimension et de cette composition. Cette comparaison n'est pas destinée à affirmer sans réserve que de telles unités existent dans les faits, exactement comme je le décris, ni qu'elles soient les pierres de soutien des représentations internes. Je prétends seulement que nous avons besoin d'un concept de ce genre; ce que j'ai esquissé ici n'est rien de plus qu'une tentative de description d'une telle unité.

L'expérience sensorielle

Lorsque nous parlons d'expérience sensorielle, nous entendons la perception par l'enfant des événements stimulus suscités par la mère qui, comme nous l'avons vu, l'assaille de regards, de sons, d'attouchements et de sensations kinesthésiques. La question principale est la suivante : comment, à partir de ces événements, le nourrisson forme-t-il l'«élément» sensoriel de la représentation ? Pour commencer, considérons les regards, et, pour l'exemple, concentrons notre attention sur l'expression faciale de la mère. Du point de vue de l'enfant, au départ, il n'y a aucune raison de supposer que le visage souriant de la mère est le même visage — et pourquoi pas le même objet — que lorsqu'elle montre un visage renfrogné. C'est un problème comparable à celui des deux hochets différents.

Il semble raisonnable, et même évident, que la façon dont la mère exécute les expressions faciales suscitées par le nourrisson influence dans une large mesure la capacité du bébé à former une représentation sensorielle de ces expressions. La première manière de procéder consiste à exagérer surtout les traits les plus caractéristiques d'une expression faciale particulière. Ce fait d'insister sur les éléments cruciaux d'une certaine attitude doit faciliter les processus de reconnaissance du nourrisson. En second lieu, chaque expression faciale est généralement précédée et suivie d'une attitude relativement silencieuse, du moins d'une façon plus marquée que lors d'interactions entre adultes. Ce faisant, la mère insère chaque expression faciale dans une structure discontinue, séparée du flux continu. En conséquence, chaque unité de comportement est plus aisément reconnaissable et le problème de distinguer progressivement où une chose commence et où une autre se termine et partant, d'isoler chaque unité distincte, est presque résolu. Troisièmement, nous ne connaissons pas la vitesse à laquelle les nourrissons transforment les informations reçues. Il est à supposer que ce processus est plus lent que chez les adultes mais qu'il gagne en vitesse avec l'âge. Si la mère ne ralentissait pas une grande partie de ses actes — ce qui constitue une des variations provoquées par l'enfant — ceux-ci pourraient passer comme des éclairs, c'est-à-dire beaucoup trop vite pour la vitesse de transformation (encore immature chez l'enfant) des informations perçues, et ce, tout spécialement lors des séquences visuelles. La mère pourrait alors ressembler à un personnage de ces films muets, se mouvant par à-coups et donc avec de telles discontinuités dans les mouvements, que le nourrisson serait incapable de garder à l'esprit la constance de l'objet à travers ses maintes transformations discontinues. Le bébé ne serait jamais capable de saisir et de retenir une séquence de mouvements, ni de percevoir et d'assimiler des événements comportementaux unitaires tels que des sourires ou toute autre expression faciale ou mouvement corporel structuré.

En dernier lieu, vu le nombre important de répétitions des actes maternels, l'enfant est constamment exposé à des séries de répétitions dans lesquelles une expression peut être présentée sous la forme d'un thème à variations. Chaque sourire successif, par exemple, sera quelque peu différent du précédent mais appartiendra malgré tout à cette même classe d'événements : les sourires. De cette manière, ces séries de répétitions permettent à l'enfant d'acquérir certains types de comportements qu'accomplit la mère. Vers la fin du sixième mois, l'enfant est capable de distinguer diverses expressions faciales comme on peut en voir sur des photos[4]. Nous supposons que son pouvoir de discrimination pourrait encore évoluer en fonction du répertoire d'expression du vrai visage de sa mère.

De cette manière, le nourrisson peut former progressivement les éléments sensoriels des représentations d'expressions, de vocalisations et de mouvements différents. Comme chacune de ces représentations est consolidée, il s'établit entre elles une coordination qui en fait une représentation sensorielle d'un plus haut niveau. Cette représentation sensorielle de la mère est source de diverses stimulations qui forment des structures intégrées de comportements selon différentes modalités. Un exemple évident de ce genre d'intercoordination de représentations sensorielles à travers différentes modalités ressort de l'expérience à laquelle nous avons fait référence plus tôt : à l'âge de trois mois le bébé s'attend à ce que l'image visuelle du visage de sa mère et le son de la voix émanent du même endroit.

L'expérience motrice

Le second «élément» d'une unité sensori-motrice et affective intériorisé est constitué des actions de l'enfant lui-même, c'est-à-dire l'expérience proprioceptive de son propre comportement. Ces actions comprennent l'ensemble des regards de l'enfant (pour peu qu'il regarde fixement et de face ou de côté ou qu'il regarde tout autour de lui), ses mouvements de tête, ses expressions faciales, ses vocalisations et ses mouvements corporels.

Nous pouvons supposer que le nourrisson vit et codifie ces actes comme unités de processus interpersonnels exactement comme il vit les expériences sensorielles du comportement de la mère selon ces même unités de processus.

Un des points les plus cruciaux dans l'expérience motrice de l'enfant est qu'elle détermine dans une large mesure la nature de son expérience sensorielle. Ceci est vrai à plusieurs égards. Il peut changer l'expérience sensorielle qu'il a de sa mère en faisant quelque chose qui modifie le comportement de celle-ci. Par exemple, s'il détourne la tête et les yeux de sorte qu'il voit sa mère agir en vision périphérique, au lieu de la voir bien en face, il aura une expérience sensori-motrice toute différente, quoique le comportement de la mère soit identiquement le même (de tout point de vue autre que le sien). Ou bien, s'il modifie le comportement de sa mère, son expérience motrice pourra changer son expérience sensorielle. S'il sourit et se voit adressé un sourire en retour, il aura modifié son expérience sensorielle.

Cette situation banale que nous venons de décrire soulève un nouveau problème. S'il sourit — et éprouve des sensations par ses propres muscles faciaux — et ce faisant, remarque que le visage de sa mère ne change pas durant un laps de temps assez important, et puis d'un coup s'épanouit en un sourire, il connaît alors une expérience sensori-motrice toute particulière; une expérience très instructive quant aux structures temporelles des contingences des relations (stimulus, pause pour le temps de réaction, réponse). Si dans une autre situation, le bébé et sa mère étaient pour un moment impliqués dans un programme commun de courte durée, elle aurait pu alors commencer à sourire en même temps que lui. Cela aurait donné lieu à une expérience sensori-motrice tout à fait différente. Une troisième possibilité serait que l'enfant sourie et que le visage de sa mère ne change pas du tout. L'expérience sensori-motrice associée à chacune de ces situations peut être nécessaire pour marquer un contraste de sorte que l'enfant puisse commencer à comprendre le concept de « contingences » en ce sens que tout comportement en appelle un autre. Nous pensons généralement que durant la première année de sa vie, l'enfant est exclusivement égocentrique en ce sens qu'il ne marque aucune ligne séparatrice entre lui-même et une autre personne, ou entre ses actions et celles d'un autre. De même, il imagine que son comportement entraîne ou crée celui des autres. Comment apprend-il à séparer le soi des autres : la question reste ouverte. Mais la nature de son expérience sensori-motrice lui offre de toute évidence maintes occasions de détruire cette confusion entre le soi et l'autre; confusion qui se reflète dans la fusion sensori-motrice de son expérience. Vu que cette même expérience motrice peut s'accompagner de diverses expériences sensorielles, desquelles une partie seulement ont une fonction prévisible dans ses activités motrices, la distinction entre le soi et autrui doit résulter de ce que toute expérience motrice peut être associée à une multiplicité d'expériences sensorielles parmi lesquelles certaines sont plus prévisibles que d'autres.

D'une part, insistons sur l'importance significative de la nature de l'expérience motrice quant à la détermination de l'expérience sensorielle du nourrisson; ces deux aspects (sensoriel et moteur) finiront par s'amalgamer pour former une seule unité d'expérience. D'autre part, dans la mesure où son expérience sensorielle n'est pas déterminée de manière certaine par la nature de son expérience motrice, — une multitude d'expériences sensori-motrices se construisent autour de la même expérience motrice — l'enfant sera amené à dissocier la confusion soi-autrui.

Un exemple tout simple de ce processus de dissociation souvent cité, est le « contrôle magique » de l'enfant qui fait disparaître les choses ou les personnes en ouvrant ou en fermant simplement les yeux ou bien en détournant complètement son regard pour ensuite le ramener. Dans cet exemple, on omet d'habitude le détail suivant : lorsque le bébé ramène son regard, l'image et la position de la personne peuvent avoir changé. La fusion de l'expérience sensorielle et de l'expérience motrice est une arme à double tranchant. Elle crée une union interne avec une autre personne sous la forme d'une représentation interne et, dans le même temps, contribue a la dissociation du soi et de l'autrui dans le monde extérieur.

L'expérience affective

L'enfant et la mère contribuent conjointement à régler l'état d'attention, d'excitation et d'affect du nourrisson. Nous avons vu comment la mère fait usage de ses actes comme stimuli destinés à modifier l'état interne de l'enfant. Nous avons également vu comment l'enfant règle son propre état interne. A vrai dire, les modifications momentanées dans l'excitation du bébé ainsi que dans son affect sont à la fois le résultat et la cause de l'interaction entre les stimulations de la mère corrigées en fonction de ses objectifs propres et les actions régulatrices du bébé corrigées en fonction de ses objectifs à lui. Du point de vue de l'enfant, ces énormes changements internes et ces sensations ne sont pas éprouvés comme appartenant exclusivement à la stimulation émanant de la mère (l'expérience sensorielle), ni comme appartenant exclusivement à ses propres actes (l'expérience motrice). Il est probable qu'ils sont ressentis comme parties indifférenciées d'une expérience composite, constituée de ce que fait la mère, de ce que fait le nourrisson et de ce que ces actions procurent comme sensations internes.

Afin d'examiner de plus près ces unités internes d'expérience, nous les isolerons artificiellement un instant. Ces expériences, dépourvues de leur contexte sensorimoteur, comprennent des sensations telles que : avoir son attention captivée et une sensation d'excitation croissante et d'attente agréable; ou ressentir la croissance progressive d'une excitation agréable ou désagréable; ou ressentir un accroissement rapide d'une excitation accompagnée d'une certaine prudence ou de déplaisir ou de plaisir; ou ressentir une diminution de l'excitation accompagnée d'un accroissement du bien-être ou d'une perte de plaisir et d'une sensation proche de l'ennui; ou éprouver un revirement d'une excitation décroissante et une sensation de plaisir lors de la remontée; ou ressentir un déplaisir à cause d'une surexcitation; ou enfin ressentir un degré de plaisir constant malgré un revirement dans l'excitation. Ces diverses combinaisons de différents niveaux ou changements dans l'excitation et l'affect sont nombreuses mais correspondent à des moments ordinaires et reconnaissables d'une expérience intérieure. Il est important de préciser que les points qui nous occupent principalement sont les changements de niveau et de direction de l'affect et de l'excitation, c'est-à-dire les points nodaux des fluctuations des sensations intérieures. Nous mettons l'accent sur les points de changement pour deux motifs :

1. ces moments ont très probablement un grand pouvoir stimulant (en vertu des contrastes);
2. la durée temporelle et la nature de tels moments nodaux correspondent plus que probablement à ce que j'ai appelé « unités de processus inter-personnels ».

Les représentations en tant qu'unités d'expérience intériorisées

Il est difficile de décrire en termes simples l'unité sensori-motrice et affective d'une expérience. Une telle expérience pourrait être par exemple la sensation que procure un sourire ou la vision de la mère qui sourit et ensuite le plaisir intérieur que procure l'excitation croissante. Ceci forme une unité composite d'expérience interpersonnelle. Une autre unité du même genre pourrait être formée de la sensation que procure un visage menaçant, un accroissement rapide de l'excitation (à effet négatif) et un détournement vif de la tête pour atténuer l'intensité de la perception et de la sensation intérieure.

Du point de vue du bébé, une interaction sociale avec sa mère est constituée de centaines d'unités d'expérience semblables et intimement liées. De plus, ces unités sensori-motrices et affectives surviennent chaque jour à maintes reprises durant chaque interaction sociale. Le bébé a donc beaucoup d'occasions pour intérioriser chaque unité en tant que représentation particulière.

Nous ne savons pas comment ces unités sont intériorisées, si ce n'est que des empreintes se marquent avec netteté dans la mémoire et y restent emmagasinées. Nous avons supposé que les «dimensions» des unités d'expérience intériorisées correspondent à une unité de processus interpersonnel. Elles consistent aussi en un moment cohérent d'une expérience interactive. En outre, pour qu'une unité d'expérience soit intériorisée et forme une représentation, elle doit contenir trois éléments : la situation peut être comparée à une clef qui ouvre une serrure; la clef est l'unité sensori-motrice et affective de l'expérience; la serrure ouvre la porte qui permet à une expérience d'être codifiée intérieurement en tant que représentation. Cette serrure est dotée de trois gorges : une sensorielle, une motrice et une affective qui, toutes trois, doivent être tournées de manière adéquate pour que la serrure s'ouvre. Cette formulation entraîne des implications importantes : il ne peut y avoir aucune représentation sans une composante affective. Un schème, par contre, peut être élaboré à partir d'expériences sensori-motrices seulement.

Après que chaque unité sensori-motrice et affective particulière d'une expérience ait été intériorisée pour former une seule représentation, qu'advient-il de ces représentations, isolées au départ ? Comment se groupent-elles, s'organisent-elles, s'intègrent-elles pour former des représentations plus larges et mieux organisées ? Ces représentations deviennent plus intimement liées par le biais de processus qui ne diffèrent peut-être pas tellement de ceux qui entrent en jeu lors d'interaction de schèmes. Combinées, elles forment des réseaux de représentations qui s'intègrent pour établir progressivement une représentation plus complète de l'autre personne — ou plus exactement de l'expérience interpersonnelle provoquée par la présence de l'autre personne. Ainsi, une fois que la représentation est devenue suffisamment complète, elle équivaut à une relation qui existe, ou qui se poursuit, dans l'esprit.

Une fois que l'enfant s'est formé une représentation plus ou moins complète, on peut dire qu'il apporte à chaque nouvel événement interactif une « histoire de la relation » ayant la forme de la représentation. Cette « histoire », alors, influe sur le cours de chaque nouvelle interaction. De la même manière, l'expérience sensori-motrice et affective de chaque nouvelle interaction, une fois intériorisée, peut altérer la configuration de l'« histoire » en progression. Donc, une interaction dynamique se déroule entre le passé et le présent, entre des représentations bien établies et des échanges en cours, entre la relation et l'interaction en cours. Si l'on considère le problème sous cet angle, il est tout à fait compréhensible que chaque couple « nourrisson-mère » puisse donner une tournure individuelle à leurs propres relations, et que les résultats d'interactions apparemment semblables peuvent être totalement différents pour plusieurs couples ayant une « histoire » différente. Les relations évoluent plus rapidement dans une direction précise.

Au point où nous en sommes, il faut considérer comme établi que l'esprit dispose d'une sorte de système de référence si bien que chacune des images sensorielles d'une personne par exemple (ou d'un affect codifié d'un certain type) peut être dissociée partiellement des autres composants de la représentation et être utilisée ou réintégrée pour former exclusivement une partie des représentations sensorielles ou affectives partielles. La capacité relative et l'aisance avec laquelle les trois éléments d'une représentation peuvent être dissociés et rassemblés nous mène à poser des questions fascinantes qui ont préoccupé longtemps psychiatres et psychanalystes. C'est un phénomène clinique banal que de trouver le composant affectif d'une expérience ou d'une représentation dissocié du composant sensori-moteur, si bien que seul ce dernier est perceptible. Par exemple, le souvenir d'une scène chargée d'émotion, dans laquelle intervient une personne aimée, peut revenir en mémoire avec de vifs détails verbaux et visuels. Mais le sentiment associé à l'incident reste inconscient. On peut également trouver l'inverse; par exemple, lorsque des sentiments profonds sont éprouvés ou reviennent en mémoire mais sont détachés de leur contexte sensori-moteur. Nous ne disposons pas de moyens pour savoir dans quelle mesure de telles disjonctions peuvent survenir durant l'enfance pendant les premières périodes de la formation des représentations. Cependant, les concepts de formation et en fin de compte de réunion des représentations de la maman « gentille » et « méchante », tels qu'ils ont été formulés par Margaret Mahler et d'autres encore[5], supposent que les composantes de ces diverses représentations soient aisément dissociées et rassemblées en différentes configurations.

L'observation des activités entre nourrissons et mères portait presque exclusivement sur les interactions sociales ludiques durant une courte période du développement; nous ne pouvons donc nous faire qu'une idée partielle de la relation. Pour s'en faire une idée plus complète, il faudrait décrire pour les périodes de repas, du bain, du changement de langes, etc. ce que j'ai décrit pour les périodes de jeu. Chacune de ces activités comportant quelques expériences sensori-motrices et affectives différentes et mêmes uniques, il est probable que le nourrisson intègre différentes représentations de sa maman, vu qu'il l'observe dans diverses activités; par exemple « la maman qui nourrit » est différente de « la maman qui joue ». Il se pourrait qu'au début, ces intégrations particulières ne se recoupent que très peu et se confondent très progressivement pour constituer une représentation unifiée de la mère à travers toutes ses activités. Cependant, comme nous l'avons vu, les interactions ludiques surviennent spontanément au cours de toutes les activités. De cette façon, la réapparition constante de la « maman qui joue » au cours d'une expérience avec la « maman qui nourrit » et avec la « maman qui donne le bain » peut faciliter l'intégration d'une représentation complète de la mère dans l'esprit du bébé.

Tout le processus de formation des relations ne s'arrête jamais, même durant l'âge adulte. Mais ce phénomène est plus spectaculaire chez l'enfant, qui évolue si rapidement que, par la seule énergie de croissance et de développement, il ne cessera de compléter ses interactions par des nouvelles expériences motrices et par des capacités sensorielles et affectives. Ses relations et ses représentations s'étendent, évoluent, se modifient constamment.

Chapitre 8
Faux pas dans la danse

Le nourrisson est un virtuose dans ses tentatives de régler tant le niveau de stimulation émanant de la mère que le niveau de sa propre stimulation interne. La mère se trouve également être une virtuose pour ce qui est de régler l'interaction à chaque instant. Ensemble, ils élaborent quelques systèmes dyadiques extrêmement complexes. Il faut être deux pour créer ces systèmes qui semblent, parfois, de mauvais augure quant au développement ultérieur et, parfois, irrésistiblement merveilleux.

Nous admettons que la nature de nos toutes premières relations influence dans une large mesure le cours de nos relations à venir. Après tout, dans cette première période de vie, l'enfant apprend ce qu'il peut attendre d'un être humain bien précis, comment traiter avec lui et comment se comporter avec lui. Durant une période relativement longue, l'enfant n'a guère l'occasion d'apprendre qu'il y a maintes façons « d'être avec » une autre personne, façons autres que celle qu'il est en train d'apprendre*.

Si l'on pouvait saisir l'essence de la nature des systèmes interactifs caractéristiques chez n'importe quel couple « enfant-mère », il serait possible de prédire et de tracer le graphique de l'évolution probable des rapports interpersonnels ultérieurs. Pourtant, cette tâche nous échappe. Tant les parents que les chercheurs prétendent que certains traits du tempérament des enfants, tel le degré d'activité, restent stables durant le développement. En outre, à un niveau plus fondamental, la plupart des parents ressentent que la « sensation » que leur procure la présence de leur enfant maintient une tension continue, indescriptible, mais cependant pénétrante et reconnaissable, à partir de l'enfance, même si les manifestations de cette « sensation » peuvent changer considérablement durant différentes périodes du développement. Nous avons tous éprouvé une telle « sensation » dans la plupart de nos relations à long terme.

Néanmoins, il n'est pas simple de prévoir le résultat futur de toute interaction donnée entre une mère et son enfant. Lorsque l'on observe véritablement l'apparition de ces premières relations, à moins que l'enfant soit de toute évidence déviant à un haut degré, ou que la mère le néglige

---

* Il y a peu d'ouvrages qui traitent du père en tant que premier partenaire de l'enfant, mais l'intérêt dans ce domaine s'accroît rapidement. Cependant (statistiquement parlant du moins), une question plus pertinente encore a trait à l'influence du second partenaire en ce qui concerne l'élargissement, la réorientation et le démantèlement des systèmes créés par l'impact puissant du premier partenaire. C'est manifestement un problème crucial qui intéresse non seulement la plupart des pères mais encore tous les membres de familles nombreuses et tout autre partenaire « secondaire ». Le vrai problème de la puissance de l'influence du premier partenaire opposée à celle du second peut se révéler être une dichotomie trompeuse. Ces deux influences de sources différentes peuvent être cruciales, autant l'une que l'autre, d'une manière différente et très probablement complémentaire.

grossièrement, ou qu'elle le maltraite physiquement, il est difficile de dire si l'on est en train d'observer les débuts d'un système constamment inadapté, ou une période normale d'incohérence, ou simplement la formation d'un « ajustement » individualisé, voire idiosyncratique mais naturel, entre un nourrisson déterminé et une mère déterminée. Prenons un exemple concret.

Un des premiers couples mère-enfant que j'aie observé régulièrement m'a rendu la tâche difficile. Je fus obligé de reconsidérer mon rôle de « chercheur en laboratoire ». Tout le temps que j'ai passé avec eux me rendit moins prompt à prévoir des résultats et à évaluer le besoin et le timing d'interventions; et cette réserve subsiste.

J'ai rencontré Jenny lorsqu'elle avait presque trois mois. Sa mère était une femme animée que l'on pouvait qualifier d'importune, d'intruse, et qui était en outre excessivement stimulante à beaucoup d'égards. Elle semblait rechercher une interaction animée et très excitante, en avoir besoin, s'y attendre sans cesse, et maintenait toujours le niveau de stimulation au-delà de la limite optimale de tolérance de Jenny. De plus, la mère semblait obtenir le niveau qu'elle désirait quand elle le voulait.

La « danse » qu'elles avaient mise au point du temps où je les ai rencontrées se déroulait plus ou moins de cette façon : lors de chaque regard réciproque, la mère entamait immédiatement des actes hautement stimulants en produisant en abondance des expressions faciales et vocales intenses. Ces différentes attitudes étaient en fait les réponses aux réactions de l'enfant. A chaque fois, Jenny détournait le regard rapidement. Sa mère n'interprétait jamais ce détournement temporaire du regard et du visage de son bébé comme une indication qui lui était adressée pour qu'elle diminue le niveau de son comportement. Elle n'aurait pas non plus laissé Jenny contrôler elle-même ce niveau en prenant une certaine distance. Bien au contraire, elle avait l'habitude de balancer la tête pour suivre celle de Jenny et ainsi rétablir la position face à face. Une fois que la mère avait regagné cette position, elle avait l'habitude de ranimer le même degré de stimulation avec un nouvel assaut d'expressions faciales et vocales. Une fois de plus, Jenny se détournait, fourrait la tête dans le coussin afin de rompre tout contact visuel. Une fois encore, au lieu de se retenir, la mère continuait de poursuivre Jenny. Le coussin et l'oreillette du siège de l'enfant empêchaient maintenant la mère de reprendre la position face à face. Cette fois donc, elle s'approchait, désirant apparemment vaincre l'obstacle et rétablir le contact. Elle augmentait encore le niveau de sa stimulation en ajoutant quelques attouchements et chatouillis au même flot d'expressions faciales et vocales. (A titre d'anecdote, la plupart des observateurs d'une telle disposition à l'intrusion, éprouvent une sensation presque pénible à devoir observer en restant inactifs. Ce spectacle engendre une sensation de rage impuissante qui s'accompagne souvent d'une « crampe aux intestins » ou d'un mal de tête.)

Sa tête enfoncée dans le coin, il ne restait plus à Jenny qu'a tenter une « percée ». Elle balançait rapidement la tête d'un côté à l'autre en passant devant le visage de sa mère; à ce moment précis (c'est-à-dire à la seconde du face à face), Jenny fermait les yeux pour éviter toute forme de contact visuel et ne les rouvrait qu'après avoir détourné complètement la tête avec une expression de dégoût. Jenny accomplissait tous ces actes en montrant un visage fermé ou parfois une grimace.

La mère la poursuivait de l'autre côté, émettant un flot de stimulations, qui une fois de plus, poussait la tête de Jenny plus profondément dans le coussin jusqu'à ce qu'elle tente une autre « percée ». Après une série de tels « échecs », la mère avait l'habitude de prendre le bébé de son siège en le tenant par-dessous les aisselles dans la position face à face. Cette manœuvre réussissait habituellement à regagner la confiance de Jenny, mais sitôt qu'elle la replaçait dans son siège, le même système se rétablissait. Après plusieurs répétitions de ces séquences, la mère devenait visiblement frustrée, fâchée et confuse, et Jenny très bouleversée. A ce moment, l'interaction touchait à sa fin et la maman mettait Jenny au lit.

Le caractère flagrant de ce comportement d'intrusion nous incite fortement à en déduire une certaine hostilité maternelle inconsciente à l'égard de l'enfant ou du rôle qui incombe à la mère de lui apporter des soins. Du point de vue d'un observateur, il semble inconcevable que la mère puisse ne pas prendre conscience de la nature déconcertante de l'interaction. Pourtant, du point de vue de la personne impliquée dans le phénomène — en l'occurrence, la mère — il est très possible de ne pas s'en rendre compte. De plus, la motivation principale d'un tel comportement n'est pas toujours l'hostilité. Une « inexpérience » bien motivée et enthousiaste, associée à une insensibilité interpersonnelle, serait à l'origine de telles actions.

En tout cas, le modèle général de « la mère qui poursuit son bébé qui s'esquive » n'est pas du tout inhabituelle. Ce qui était inhabituel entre Jenny et sa mère, c'était la poursuite acharnée et les effets négatifs sur les deux personnes. Nous avons vu chez d'autres couples mère-enfant, se dérouler ce même système de « poursuite et esquive » comme un jeu réciproque réglé délicatement. Et ce procédé, en fait, maintient le nourrisson dans un état de stimulation et d'excitation supérieur à sa limite de tolérance, mais permet ces menus réajustements qui rendent l'interaction agréablement excitante plutôt que repoussante. Dans de telles situations, après que le nourrisson ait détourné le regard (souvent avec un faible sourire), la mère attend un moment avant de le poursuivre. Durant cet instant, l'enfant a la possibilité de régler lui-même son état interne et de commencer à se forger une idée préalable du prochain mouvement de sa mère. Puis lorsque finalement elle le poursuit, elle relance l'interaction à un faible niveau de stimulation, tendant alors soigneusement vers des niveaux de plus en plus élevés jusqu'à ce que l'enfant s'écarte à nouveau.

A d'autres moments, le jeu de « poursuite et esquive » ne suit pas toujours le modèle séquentiel du type stimulus-réponse, mais tient plus d'une séquence programmée où mère et enfant agissent simultanément. Dans ce cas, après que le bébé se soit détourné, la mère hésite avant de le poursuivre. Elle évalue soigneusement le temps d'hésitation (et probablement les actes préparatoires), si bien qu'au moment précis où elle décide de le poursuivre, il puisse entamer un mouvement de retrait. Une fois encore, chacun tend à s'arrêter en même temps que l'autre, quoiqu'ils ne soient pas encore face à face mais, et ceci est important, sans jamais changer la distance ou le contact entre eux mais en s'amusant simplement.

Le modèle de jeu entre Jenny et sa mère n'était nullement empreint de ce ludisme ou de cette frivolité. Après plusieurs semaines de visites, le modèle fondamental entre eux n'avait subi aucune modification, si ce n'est que chacune semblait avoir quelque peu abandonné la recherche de l'autre. Jenny évitait le contact visuel avec sa mère le plus souvent possible, et la mère, quoiqu'elle n'ait point modifié sa manière d'agir, interagissait moins fréquemment et passait plus de temps simplement assise. Environ une semaine plus tard, je m'intéressai progressivement un peu plus à leur cas : Jenny évitait presque complètement tout contact visuel; elle détournait la tête plus nettement et plus longtemps et son visage était devenu presque sans expression.

    Comme cette situation empirait, je m'alarmai réellement. Une grande part de mes craintes étaient fondées sur ma connaissance du fait qu'éviter tout contact visuel ainsi que toute position face à face constitue le trait le plus persistant et le plus logique de l'autisme infantile. De surcroît, certaines anecdotes rapportent que dans certains cas d'autisme tardif et de schizophrénie infantile, ce genre de détournement du regard loin de tout environnement humain peut être retracé rétrospectivement jusqu'au premier semestre de la vie de l'enfant. Je craignais d'être le témoin des premiers symptômes de l'autisme. La raison pour laquelle je n'étais pas intervenu auparavant (par bonheur peut-être) provenait de ma position particulière en temps qu'observateur de l'interaction — position qui m'était imposée par mon rôle d'expérimentateur. Je ne veux pas dire par là que j'étais animé de scrupules quant à interrompre une expérience par une intervention nécessaire. Le problème était à la fois plus simple et plus complexe. Lorsque je me rendis chez Jenny et sa mère, muni de ma caméra, je ne les observai que d'un œil de technicien, en m'appliquant à trouver les bons angles de prise de vue, les meilleurs cadrages dans une luminosité adéquate, sans remarquer autre chose. Ce n'est qu'après avoir examiné les films en laboratoire durant la semaine qui suivit, que je compris la nature du comportement dans son état clinique. En conséquence, j'avais toujours quelques semaines de retard sur le début de l'histoire. Lorsque je compris la gravité potentielle de ce qui se passait (de ce qui s'était en réalité passé deux semaines auparavant), je consultai plusieurs confrères pour demander conseil et je me rendis immédiatement chez Jenny et sa mère. Jenny avait maintenant presque quatre mois. J'apportai ma caméra, mais cette fois, j'observai l'interaction en tant que clinicien, bien décidé à intervenir à moins que les choses n'aient changé de façon significative. Tel était en fait le cas.

Jenny et sa mère échangeaient plus souvent des regards et les soutenaient. Le jeu de « poursuite et esquive », quoique ayant encore un aspect inquiétant, avait perdu de sa rigueur initiale, si bien qu'il comportait des moments de taquinerie amusants et l'on pouvait même remarquer quelques sourires. Ce jour-là, je ne dis rien mais retournai au laboratoire pour rattraper mon retard et je découvris que l'amélioration s'était manifestée clairement deux semaines auparavant et ce que j'observais maintenant en était la continuation. Tout est bien qui finit bien. L'interaction continua à s'améliorer quoique je n'en aie jamais compris la raison. Le mère n'avait que légèrement baissé le niveau de stimulation et elle n'était devenue qu'un peu moins autoritaire et importune. Il se peut que la modification la plus significative avait eu lieu en Jenny elle-même, par le simple fait de la maturation. (Deux semaines, pour un enfant de trois mois, représente une longue période. Comme Burton White l'a démontré, les nourrissons deviennent de plus en plus capables de tolérer de plus fortes doses de stimulation.) Jenny semblait plus disposée à manier le niveau et le dosage de la stimulation émanant de sa mère et ce faisant, commençait à réagir plus positivement, ce qui permettait à la mère de modifier son comportement. Un cercle vicieux avait été rompu. Evidemment, l'histoire n'en reste pas là. A chaque nouvelle phase du développement, Jenny et sa mère ont dû répéter tout ce scénario de poursuite et d'esquive mais ce, par le biais de types comportementaux différents et mieux organisés. Nous ne savons pas encore de quelles forces et de quels atouts ou de quelles faiblesses et de quelles déficiences Jenny sera dotée en ce qui concerne ses rapports futurs.

Au cas où Jenny serait née dotée d'une sensibilité plus vive à la stimulation ou d'une capacité plus lente à se développer — donc de régler et de tolérer une quantité croissante de stimulation — je me demande encore si les problèmes auraient été résolus d'une manière aussi positive, et dans le cas contraire, si une intervention opportune aurait été de quelque utilité. La question contraire reste ouverte également. Supposons que je sois intervenu le jour de ma visite, alors que les choses se corrigeaient d'elles-mêmes. Est-ce qu'en fin de compte le résultat aurait été meilleur ou pire ? Après tout, elles avaient commencé à régler le problème d'elles-mêmes sans les troubles qu'une intervention aurait pu provoquer.

La notion du nourrisson et de la mère qui, à chaque instant, règlent mutuellement et corrigent ou non le cours de leurs interactions permet de se faire une idée sur deux aspects cliniques et apparentés d'une relation. Premièrement, qu'entendons-nous par « mauvaise régulation dans le couple » ou « échec dans la réadaptation des niveaux d'attention, d'excitation et d'affect » qui empêchent souvent le maintien de la limite optimale ? Deuxièmement, tout acte de réorientation qu'accomplit l'enfant peut être considéré comme une manœuvre de résistance en vue de s'adapter à la stimulation interne et externe qui se présente lors d'une telle situation. L'espace est étroit entre le premier mécanisme de résistance et la première action de défense. A ce stade, nous devons donc envisager quelques-unes des origines de ces premiers mécanismes de défense. Il importe de se rappeler que les tentatives d'adaptation constante de l'enfant sont équivalentes, dans cette situation sociale, aux sensations qu'il éprouve en présence de quelqu'un.

Echecs de régulation et excès de stimulation

Il y a plusieurs manières de provoquer un excès de stimulation et plusieurs solutions ou tentatives de solution pour s'y adapter. Nous pouvons rapidement survoler les causes de cet excès de stimulation. La vitesse initiale peut provenir de la mère comme de l'enfant. Dans les deux cas, il y a mauvaise association. Pour nos recherches, la question de « responsabilité première », n'a pas grande importance, — et parfois, ne se pose même pas — vu que « l'organisme » qui retient notre intérêt, le « patient », est le couple lui-même. Néanmoins, il est nécessaire de décrire, dans la mesure du possible, d'où provient l'élan initial d'un mauvais réglage potentiel, même si notre intérêt est centré sur la manière par laquelle le couple les ajuste.

Des comportements autoritaires et importuns de la part de la mère constituent une des causes les plus communes d'une stimulation excessive. Lorsqu'on les observe très minutieusement, la plupart des comportements autoritaires comportent un certain degré d'intervention dans les actes autorégulateurs de l'enfant. Par exemple, si l'on ne tient pas compte du fait que l'enfant a détourné le regard ou si on ne lui permet pas d'atteindre son but (comme dans le cas de Jenny), l'enfant est privé d'un de ses principaux mécanismes autorégulateurs qui lui permettent de s'adapter au niveau de la stimulation qu'il reçoit. Il peut être ainsi forcé de mettre au point un autre type de comportement plus extrême qui règlerait ou mettrait fin à l'interaction. On peut rencontrer un autre exemple tout aussi banal d'un tel comportement dans le cours d'une interaction sociale animée. Si le nourrisson amorce un changement de direction ou une modification dans l'affect d'un stade positif vers un stade négatif en muant soudainement son visage souriant en un visage fermé et même grimaçant, la mère peut une fois encore prendre en considération et même renforcer ce signal invitant à un ralentissement. Au contraire, pour la mère, une réponse importune ou autoritaire devrait servir à intensifier de façon spectaculaire l'intensité, la complexité et la richesse de son comportement. Le cas échéant, elle arrivera généralement à reconcentrer l'attention du bébé sur elle durant un instant. Mais, directement après, le nourrisson manifestera des signes encore plus évidents d'angoisse et de chagrin. L'important est que durant cette séquence momentanée, le nourrisson aura perdu une occasion d'apprendre qu'il a la possibilité de régler avec succès le monde extérieur, et en second lieu, son état intérieur, par le biais d'une communication émotionnelle. Perdre une occasion n'a guère d'importance. Cependant, si une telle expérience se répète indéfiniment, le bébé peut en conclure, soit que l'émotion qu'il manifeste par une expression faciale n'est pas un événement communicatif adéquat pour modifier son environnement, soit que — et ceci est pire — elle est un événement communicatif adéquat mais ne fera qu'empirer les choses. Le résultat en jeu est capital. L'enfant a besoin d'une expérience d'assimilation constituée d'expériences motrices qui, associées à des états affectifs, restructurent avec succès le monde extérieur; j'entends « succès » au sens d'un changement de l'état affectif dans la direction désirée ou nécessaire. S'ils ne procèdent pas à cette restructuration, il est plus probable que les expressions motrices d'affectivité seront progressivement inhibées et l'enfant cessera graduellement d'accomplir des expressions faciales affectives.

Il faut également considérer deux autres aspects de ces comportements importuns. Premièrement, lorsque l'on veut exercer un contrôle sur autrui, il faut rester extrêmement sensible aux changements et signaux interactifs. Il ne faut pas moins d'attention aux signaux interpersonnels pour réagir inadéquatement que pour réagir correctement. Assez paradoxalement, des comportements autoritaires et importuns de la part de la mère peuvent impliquer un haut degré de sensibilité aux conduites de l'enfant. Ceci nous mène au second aspect. Supposons que le nourrisson soit, de par sa constitution, quelque peu léthargique ou hypoactif ou qu'il ait un certain retard dans son développement. Dans une telle situation, des types de comportements maternels qui sembleraient « appropriés » pour des bébés normaux pourraient paraître autoritaires ou importuns. En fait, la mère peut être tout à fait consciente que son comportement, dans un tel contexte, est autoritaire ou importun, mais elle peut avoir choisi (consciemment ou inconsciemment) d'attiser la sensibilité du bébé face à la stimulation et d'augmenter ainsi son animation intérieure, même au risque momentané d'empiéter sur le mécanisme autorégulateur en pleine formation. A la longue, il se pourrait qu'elle ait eu raison.

Comme Sibylle Escalona nous l'a bien montré, le résultat de l'association entre le comportement de la mère, l'attente de ce que devrait être le comportement de l'enfant et ce qu'il est réellement ne peut jamais être négligé. Parfois, la mère et l'enfant tombent dans les limites normales de stimulation et de tolérance à cette stimulation, mais chacun à un extrême de la marge considérée. Une fois encore, une mauvaise association risque de déboucher sur une situation marquée d'autorité et d'intrusion; ou alors les membres du couple pourraient également en arriver à un nouvel entendement.

En opposition à un comportement autoritaire, si une mère énergique ou hyper-enthousiaste se montre insensible au comportement de l'enfant, il s'ensuivra également un mauvais réglage. Dans une telle situation cependant, la mère ne remarque tout simplement pas les signaux interpersonnels du bébé ni ses tentatives d'abaissement du niveau ambiant de stimulation. Par conséquent, elle ne corrige en rien les objectifs à atteindre. Ce que l'enfant fait importe relativement peu. Son comportement (dans certaines limites) ne rendra pas les choses meilleures ni pires. J'ai l'impression que le lien étroit et solide qui unit un tel couple l'est moins que celui que l'on a observé dans le cas d'une mère abusive qui suscite manifestement de l'aversion chez l'enfant mais qui est cependant très sensible et prête à réagir. Jusqu'à un certain point, il est préférable de montrer une sensibilité médiocre plutôt que de n'en manifester aucune. La reconstitution de cas cliniques confirme généralement cette impression; tel est le cas des études de René Spitz et de John Bowlby sur des enfants d'orphelinats. Même l'imprévu, indépendamment de toute valeur hédonique, est un élément puissant et très influent au plus intime de nos relations.

Face à un excès de stimulations, surtout lorsque la mère est insensible, nous avons souvent remarqué que des enfants utilisaient une « technique » différente d'adaptation au système mal réglé. Leurs yeux deviennent vitreux et ils regardent tout droit dans le visage de la mère ou tout juste à côté. Spitz a affirmé que presque tous les enfants agissent de la sorte à un certain moment. Pourtant, ce comportement continue de m'intriguer. Pourrait-il s'agir d'une forme primaire et partielle de dissociation ou de division de la perception ayant pour origine l'état de sensation interne en rapport avec cette perception ? Lorsqu'un nourrisson regarde de la sorte, je suppose qu'il réoriente son regard vers quelque point infiniment éloigné. Néanmoins, ses yeux reposent sur le visage de la mère si bien qu'il perçoit une image vague de son expression faciale; cette image est enregistrée mais négligée. L'enfant est donc potentiellement capable de percevoir exactement ce que fait la mère, mais son attention visuelle portée sur les stimuli qu'elle fournit a été assez atténuée pour que ces événements n'influencent plus ses états intérieurs d'excitation et d'affect.

Ce comportement enfantin ressemble assez à une rupture de contact mais qui se fait d'une façon relativement acceptable. J'ai observé l'enfant d'une mère insensible et hyperstimulante. Le bébé, âgé de quatre mois, n'avait pas son pareil pour adopter cette attitude particulière d'une attention partielle. Je l'observai jusqu'à ce qu'il ait atteint l'âge de deux ans et il évolua jusqu'à devenir un petit garçon tout à fait normal, moyennement éveillé mais non dépourvu de la capacité de s'animer d'une façon séduisante. Bien plus, il persévérait avec habileté à vous montrer qu'il n'était pas avec vous en permanence mais qu'il s'était en réalité échappé momentanément. Ce phénomène n'apparaissait pas comme un signe pathologique; il reflétait plus la sensation que lui procurait la présence de cette personne. Néanmoins, cette opération complexe de son psychisme et de son comportement risque fort d'évoluer vers des attitudes inadaptées de résistance et de défense si telles sont les pressions de la vie.

Quand l'enfant se montre sans énergie ou qu'il inhibe sa motilité, il adopte un autre comportement enfantin d'un grand intérêt lorsqu'il se trouve face à une interaction hyperstimulante. Beebe décrit très bien ce phénomène en analysant image par image le film d'une interaction entre une mère et un enfant, interaction dans laquelle la mère s'adonne au jeu de « poursuite et esquive » avec trop de zèle. Après avoir tenté à plusieurs reprises de détourner le regard, de signaler son émotion au moyen d'expressions faciales et après avoir essayé de se libérer de l'étreinte de sa mère, tout cela en vain, l'enfant se décontracte durant quelques instants. Nous avons remarqué cette inhibition momentanée chez beaucoup d'enfants et elle s'accompagnait souvent d'une certaine manière de fixer les objets. Chez certains enfants cependant, ce phénomène devient un moyen prédominant et habituel pour lutter contre un excès de stimulations.

Une fois encore, les implications spéculatives sont importantes. Lorsque l'on considère que l'appareil moteur, sur lequel l'enfant de quatre mois exerce un contrôle volontaire, est principalement composé des yeux, du visage et de la tête et de quelques mouvements pas très bien coordonnés des bras et des jambes, le simple fait de se décontracter représente une inhibition de taille dans son système moteur (ou dans les fonctions motrices spécifiques au Moi). Ici aussi la question se pose de savoir si l'on observe les origines d'un comportement qui, sous le poids des circonstances « heureuses » ou « malheureuses » de la vie en général et de la vie dans le couple mère-enfant, évoluera en une passivité ou en une inhibition motrice mal adaptée pour réagir contre un stress interpersonnel.

Finalement, il y a cet enfant exceptionnellement sensible à la stimulation, ou en d'autres mots, dont le seuil de sensibilité est moins élevé ou dont les limites optimales sont sensiblement plus basses bien qu'ayant peut-être le même écart. Il est difficile pour une mère se comportant normalement, de ne pas trop stimuler un tel enfant et elle doit donc ajuster son comportement. Le problème ne se résume pas à avoir un seuil moins élevé de sensibilité à la stimulation (seuil de sensibilité qui peut être relativement sélectif d'une modalité sensorielle, comme par exemple l'audition). Un tel enfant peut également être moins capable de supporter une accélération rapide de l'intensité d'un stimulus et du niveau concomitant d'excitation interne. Le même stimulus croissant qui ferait sourire un enfant quelconque serait trop intense pour cet enfant-ci et il pourrait pleurer. Même si le stimulus, à son départ, se situait dans les limites optimales, son taux d'accélération pourrait bien être accablant. Périodiquement, des théories sont émises qui suggèrent qu'un grand nombre des enfants qui sont nés dotés d'une vive sensibilité à la plupart des stimulations, doivent élaborer un système d'adaptation qui les protègerait du barrage de stimuli qu'ils rencontrent — spécialement des événements humains hautement stimulants. Les adaptations les plus extrêmes aboutissent à des attitudes de retrait et de protection intenses, c'est-à-dire à l'autisme infantile. Ces théories et leurs variantes attendent cependant d'être confirmées ou infirmées. En effet, un petit nombre d'enfants qui deviennent autistes étaient antérieurement extrêmement sensibles à la plupart des stimuli et plus spécialement aux stimuli humains. Néanmoins, la grande majorité des nourrissons hypersensibles perdent de leur excès de sensibilité au cours de leur développement, ou deviennent des enfants puis des adultes tout à fait normaux, mais dotés d'un seuil de réaction moins élevé aux stimuli allant souvent de pair avec une sensibilité plus affinée éventuellement mise à profit à des fins créatrices.

Echec de régulation et manque de stimulation

On peut appeler « condition de manque de stimulation » toute condition qui dans un couple, empêche de capter ou de maintenir l'attention du partenaire, ou qui permet au niveau d'excitation et d'affect de descendre ou de rester en dessous de la limite inférieure optimale. Les raisons d'être d'une telle condition au sein d'un couple peuvent être très diverses tant en ce qui concerne leur origine que leur caractère réversible. Du côté de la mère, les raisons sont principalement les troubles dans sa capacité à exécuter des actions sociales efficaces provoquées par l'enfant.

Si une mère se sent dépressive par exemple, elle peut être capable d'apporter à son enfant les soins nécessaires, mais elle sera incapable d'animer son visage, sa voix et ses mouvements. De même, elle ne disposera pas des éléments nécessaires qui soutiennent l'intensité d'un stimulus et qui influencent à merveille l'attention du nourrisson, son excitation et son affect. Il manquera cette montée croissante et culminante du stimulus, nécessaire pour que se crée l'excitation soudaine qui produit l'affect; il en va de même en ce qui concerne les changements rapides du timbre, de la rapidité et des modalités de stimulation lorsque la mère veut à nouveau attirer l'attention faiblissante de l'enfant. Il en est également ainsi pour tout ralentissement dans le rythme qui tient l'enfant en haleine et pour toute autre variation dans le réglage temporel. La mère quelque peu dépressive sera incapable de jouer avec son propre comportement afin de jouer avec son enfant.

De la même manière, une mère dont les réponses émotionnelles sont limitées ou affaiblies sous l'influence d'un syndrome schizophrénique ne pourra moduler que de façon limitée et avec une habileté réduite l'intensité et la richesse de la stimulation sociale qu'elle procure à l'enfant. Une mère qui, pour des raisons caractérologiques ou névrotiques, inhibe de manière excessive sa spontanéité, sera dans une situation semblable. (Cependant, nous avons souvent observé que des mères qui sont inhibées dans la plupart de leurs interactions avec les adultes, se «raniment» avec leurs enfants.)

Un manque de stimulation peut également se manifester dans le cas d'une mère qui dispose d'un répertoire tout à fait normal de comportements sociaux provoqués par l'enfant, lorsqu'il y a blocage de la capacité de l'enfant à provoquer certains comportements chez sa mère, même si l'enfant en lui-même constitue un stimulus adéquat. Si la mère est obsédée par des pensées n'ayant aucun rapport avec l'enfant ou si elle éprouve pour lui ou pour son propre rôle de mère un ressentiment et les rejette, alors, elle peut rester fermée ou insensible aux invitations de son enfant et aucun comportement social suscité par l'enfant n'émanera d'elle. Même si elle a un répertoire tout à fait disponible, celui-ci restera latent. Une fois encore, un manque de stimulation prédominera*.

Nous avons également remarqué qu'un manque de stimulation peut avoir d'autres origines. Il y a des mères trop sensibles ou trop craintives face au rejet de la part de leur enfant. Quelques fois, cette insécurité ne se traduit que dans leur rôle de mère mais, tout aussi souvent, elle fait partie intégrante de leur comportement général. Dans les deux cas, cette insécurité se traduit souvent par un comportement où la mère agit comme si tout relâchement complet de l'attention de l'enfant et tout détournement du regard était un « micro-rejet » et comme si toute réplique du regard était une « micro-acceptation ». Se sentant rejetée, la mère interprète ce détournement du regard comme une attitude de retraite permanente et coupe court à l'interaction en s'en allant ou en replaçant le bébé dans son berceau au lieu d'interpréter ce « retrait » comme un arrêt momentané destiné à faciliter le réajustement du comportement. En conséquence, les séquences de jeux se terminent trop rapidement, bien avant que le nourrisson ne soit prêt d'arrêter. Il en résulte que la durée de la stimulation est restée inférieure à ce que l'enfant est capable de supporter.

Une telle insuffisance de stimulation se manifeste si la mère ne dispose que d'un répertoire limité et stéréotypé

---

* Dans toutes ces situations, cela vaut la peine de s'imaginer quelles seront probablement les expériences sensori-motrices et affectives prédominantes de l'enfant, puisqu'elles seront intériorisées et formeront les présentations de ses toutes premières relations.

de variantes de comportements sociaux. Certains pères ou autres membres de la famille qui interagissent très peu avec leurs enfants illustrent bien ce genre de situation. Prenons l'exemple d'un père type qui rentre à la maison après le travail. Lui et l'enfant sont prêts à jouer ensemble et le père passe tout son répertoire en revue. Tout d'abord, il joue à faire rebondir l'enfant sur ses genoux; tous deux sont grandement satisfaits. Lorsque lentement le bébé s'habitue à ce stimulus, le père et son enfant jouent à faire balancer leur tête ensemble d'un côté à l'autre et lorsque ce jeu commence à laisser le bébé indifférent, le père commence à lui chatouiller le ventre. Pour ces trois jeux, le père est une source merveilleusement riche de stimulations et passe d'un jeu à l'autre, en ressentant parfaitement les envies et les buts de l'enfant. Cependant, après que le chatouillement du ventre ait perdu de son attrait pour l'enfant, le père est arrivé au bout de son répertoire de jeux stéréotypés. Il termine donc là l'interaction; si l'enfant est fatigué du dernier jeu, il est néanmoins prêt pour un nouveau. Malheureusement, le père n'en a aucun à sa disposition.

Nous avons une situation quelque peu analogue lorsque la mère est très inhibée ou même phobique, pour quelque raison que ce soit, dans n'importe quel type de jeu, le plus souvent lors d'attouchements ou autres jeux procurant une stimulation kinesthésique vigoureuse. Dans ces circonstances, l'interaction peut se dérouler sans problème en passant par des épisodes d'attitudes riches en expressions faciales et vocales. A un certain moment cependant, un élément plus vigoureux peut être nécessaire pour maintenir le flux, tel un changement vers une stimulation similaire comme par exemple toucher l'enfant ou le faire sautiller. Mais la mère ne peut lui procurer cet élément et le flot interactif commence à refluer.

Jusqu'à présent, je n'ai mentionné que la mère comme source initiale d'un mauvais réglage. La source première peut également résider dans le comportement du nourrisson. Si l'enfant est « hypoactif » ou s'il a un retard important dans le développement ou une altération minime du cerveau, alors une stimulation normalement efficace peut ne pas l'exciter ou le maintenir à l'intérieur des limites optimales d'excitation. Dans le même temps, il sera incapable de produire les sourires et gazouillements et autres actions qui suscitent les comportements sociaux de la mère. Celle-ci n'est pas stimulée de façon adéquate par le bébé pour produire des comportements qui le stimuleront adéquatement pour produire à son tour les comportements clés qui la stimuleront à le stimuler pour ... etc. Même lorsque la mère peut rester active par elle-même; souvent moyennant de gros efforts, ceux-ci peuvent être insuffisants pour stimuler l'enfant et ne peuvent être soutenus si ce n'est par une forte détermination, qui est souvent fatiguante et infructueuse. Dans une telle situation, pour maintenir un équilibre dans l'interaction dyadique, la mère doit réajuster son propre répertoire d'attitudes et son niveau de stimulation pour s'harmoniser avec le degré de sensibilité du nourrisson. Elle doit aussi se « ré-entraîner » à trouver quels comportements sociaux sont accessibles à l'enfant et susceptibles de susciter une réaction. C'est là une tâche difficile. Cependant, dans la mesure où cette tâche peut être accomplie, un système dyadique équilibré peut être rétabli avec tous les avantages que cela comporte pour le développement social et cognitif de l'enfant.

Echecs de régulation et stimulation paradoxale

Nous avons vu quelques mères qui ne commencent à s'animer face à leur enfant pour leur procurer des stimuli efficaces que lorsque ceux-ci se sont fait mal ou sont victimes d'une mésaventure déconcertante. Il s'agit là d'une forme heureusement peu fréquente de sensibilité paradoxalement sélective. Ces mères étaient toutes extrêmement ambivalentes dans leurs rapports avec leur enfant; de par le degré de perturbation de leur rôle de mère elles pouvaient presque être considérées comme des mères « abusives » et « négligentes » (ces deux notions vont très souvent de pair). Ces mères étaient généralement sans expression lorsqu'elles se trouvaient en face de leur bébé et semblaient s'engager peu dans le jeu social, sans parler du jeu animé.

Tous les enfants ont un « répertoire » de mésaventures déconcertantes, telles que perdre l'équilibre dans la chaise et tomber lentement sur le côté; ou manquer la bouche avec une cuillerée de nourriture et faire aboutir celle-ci à l'œil, à l'oreille ou sur le menton; ou mal évaluer la distance pour atteindre quelque chose et tomber le visage en avant; ou mal calculer la trajectoire d'un objet qu'ils attirent vers leur visage si bien que cet objet finit par heurter leur front. Chacun de ces incidents malencontreux est en fait comique tout comme les farces, et la plupart des mères en riront (s'il n'y a aucune blessure réelle) et leur adresseront également un « là - là » apaisant.

Avec ce type de mère, on remarque habituellement une chose: ce n'est que lorsqu'un tel incident arrive à l'enfant qu'elle s'anime. Ce n'est qu'à la vue de l'enfant déconcerté et sous l'effet des circonstances comiques que la mère adopte un comportement animé. A ce moment, elle passe d'un état de complète indifférence à un état de partenaire social efficace. Dans le même temps, l'enfant se reprend d'habitude assez vite en réponse à la « transformation » de sa mère et c'est alors qu'ils partagent un de leurs rares instants de stimulation réciproque agréable et excitante. Mais un problème se pose : les principaux moments d'une interaction agréable et animée entre l'enfant et sa mère dépendent de, et bien souvent s'associent avec, une sensation désagréable qui précède immédiatement cette interaction. On ne pourrait que très difficilement trouver un paradigme plus éclairant pour expliquer les origines du masochisme : la douleur en tant que condition et nécessité préalable au plaisir. (Le comportement maternel de ces mères n'est de toute évidence pas dépourvu d'un certain sadisme.)

Quoique la maman « moyenne » puisse également s'amuser, être impliquée et s'animer lors de ces incidents mineurs, ses comportements sociaux provoqués par l'enfant sont inspirés par un champ tellement vaste d'autres comportements plus fréquents et spontanés, que toute association entre le malaise et le plaisir consécutif est anéantie.

Une autre forme de stimulation paradoxale de loin plus courante consiste à dépenser une quantité énorme de temps, d'énergie et de sensibilité sur une autre personne mais en évitant un contact complet et en même temps un désengagement total. Il nous est tous arrivé d'observer maintes versions de cette chorégraphie interpersonnelle complexe qui conduit les gens à rater les chances de se rencontrer vraiment mais cependant à éviter les occasions de se séparer définitivement. Ce phénomène peut se manifester au sein d'un couple, entre parents et enfants ou entre amis. La sensibilité réciproque consiste à provoquer les ratés tout en ménageant les liens.

Une version de ce phénomène pourrait être appelée « la danse de l'approche et du retrait réciproque ». Précédemment j'ai analysé en détails l'histoire qui mène à cette danse ainsi que la démarche complexe qui perpétue une variation de ce modèle [4]. En voici l'allure.

La mère était une dame engagée et attentive qui donna naissance aux jumeaux Mark et Fred. Comme c'est souvent le cas avec les mères de jumeaux, une partie de l'ambivalence « normale » du fait d'avoir des jumeaux est scindée, tant et si bien qu'une plus grande partie des sentiments positifs se dirige initialement vers l'un d'eux, tandis que la plus grande partie des sentiments négatifs se dirige vers le deuxième. Ce phénomène n'est pas inhabituel et se corrige généralement de lui-même après un certain temps. En tout cas, cette mère trouvait les choses plus aisées avec Mark qui, d'après elle, lui ressemblait le plus et ses rapports avec lui étaient plus directs. Avec Fred, les rapports étaient plus difficiles. L'interaction était plus troublée et les rapports moins prompts.

Pour l'analyse détaillée image par image, j'ai choisi une séquence de jeux très caractéristique de la plupart de leurs interactions. La mère était assise sur le sol avec chaque enfant (âgé de 3 mois et demi) placé en face d'elle dans deux sièges différents. Comme d'habitude, avec Mark les choses se déroulaient sans effort, mais avec Fred elles s'envenimaient progressivement jusqu'à ce que sa mesquinerie coupa court à la période de jeu. Je voulus savoir ce qu'il y avait de si différent entre les deux interactions : la mère avec Mark et la mère avec Fred. Pour arriver à mes fins, le film fut examiné image par image dans une visionneuse. Chaque image fut numérotée. De cette manière, je pouvais me permettre d'avancer ou de reculer le film autant de fois que je le désirais et tout aussi rapidement ou lentement qu'il m'était nécessaire pour repérer ce qui se passait sur chaque image*.

Cette méthode mit en évidence un premier phénomène. Fred et sa mère avaient tendance à se mouvoir presque exactement ensemble, à la manière de deux pantins qui évoluent attachés à un même ensemble de fils. De surcroît, ils exécutaient leurs mouvements suivant un modèle bien déterminé. Lorsque la mère s'approchait, Fred se retirait et lorsque lui s'approchait, elle se retirait. Ce modèle est illustré sur la figure 8; les schémas ont été exécutés d'après le film. Ce fut la première fois qu'il nous apparut clairement qu'une mère et un enfant pouvaient se mouvoir ensemble, commencer et stopper leurs mouvements en même temps, du moins durant de courts laps de temps, en suivant une telle précision que l'on aurait cru observer un modèle de programme commun plutôt qu'un

---

* Pour les lecteurs intéressés par une analyse minutieuse du comportement, je voudrais préciser certaines choses au sujet de cette méthode d'analyse. Le chercheur entre en contact intime avec les «matériaux». Pour peu que je fus impliqué dans le processus entre Jenny et sa mère, par cette méthode je devins un «observateur participant» de l'interaction entre les jumeaux et leur mère. Actuellement, cette méthode est moins utilisée étant donné que les progrès technologiques dans le domaine de la télévision et des équipements cinématographiques ont rendu possible plusieurs procédés de play-back : arrêt instantanné de l'image, possibilité de projeter le film au ralenti en avant et en arrière, etc., tout ceci en appuyant simplement sur un bouton. Cependant, on perd une certaine substance par le fait de ces innovations. La visionneuse traditionnelle permet un examen minutieux de toute l'interaction et nécessite que l'on fasse tourner les bobines à la main d'un point précis à un autre. Après avoir observé ce comportement particulier, disons le crescendo et décrescendo du sourire d'une mère, la coordination spatiale est rendue plus parfaite si bien que l'on peut commencer à observer le film au début de l'interaction et arrêter lorsque celle-ci est terminée. C'est à ce moment que l'on devient un observateur participant. Il est possible de reproduire toutes les attitudes de la mère, même les yeux fermés, étant donné que l'on sait exactement quelles sont les limites de l'interaction. Cette participation plus directe de l'interaction par le biais du film nous offre de plus grandes possibilités de compréhension. Quoique l'on reproduise les attitudes de la mère, on peut observer l'enfant tout en sachant quand la mère va intervenir et de quelle façon. Dans un sens, en laissant notre corps participer à l'action, il «s'entraîne» à une tâche d'observation tandis que les yeux sont libres pour une autre observation. Les résultats de ces deux observations, une fois réunis, nous procurent tous les éléments de l'histoire.

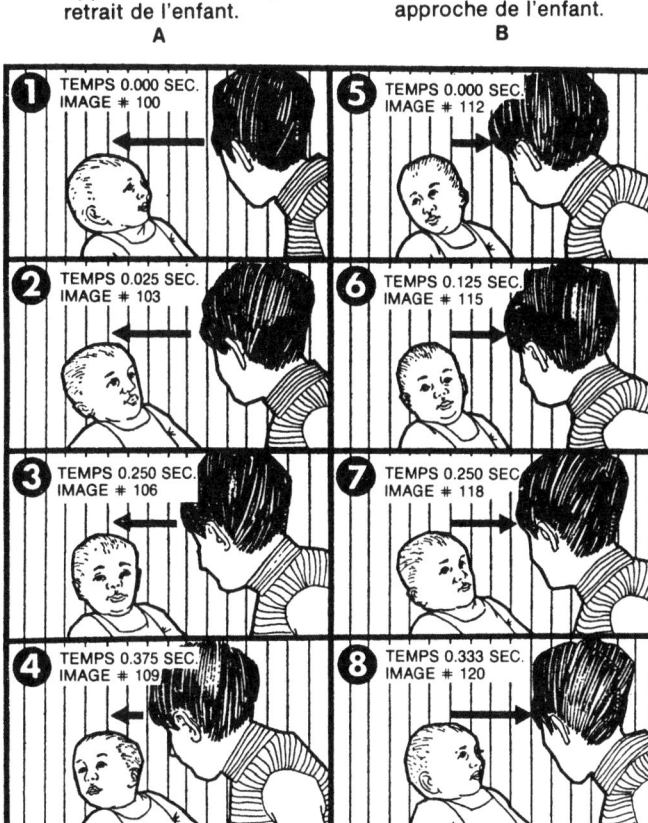

Figure 8. Modèle d'approche et de retrait réciproque entre une mère et un de ses jumeaux, âgé de trois mois et demi; schématisé d'après le film.

agencement de stimulus-réponse. Pour m'assurer que cette « danse commune » se passait réellement, je recouvris une moitié de l'écran et relevai à quel moment la mère s'approchait de Fred ou s'écartait de lui. Ensuite, je fis le contraire, je pris soin de noter dans quelles images Fred entamait une approche ou une retraite. Lorsque je comparai ces deux « échantillons », il apparaissait clairement que la plupart du temps, Fred et sa mère agissaient simultanément dans toutes leurs actions. Quelques fois cependant, l'un d'eux commençait à se mouvoir ou s'arrêtait assez longtemps avant l'autre, si bien que cette attitude pouvait être considérée comme un stimulus et l'autre comme une réponse. Dans ces cas-là, c'était plus souvent la mère qui menait le jeu. Il apparaît que Mark aussi se mouvait plus ou moins en même temps que sa mère mais seulement lorsqu'ils étaient face à face et se regardaient mutuellement durant l'interaction. A part cela, les mouvements de Mark étaient indépendants de ceux de la mère. D'autre part, Fred continuait à se mouvoir en même temps que sa mère même lorsqu'elle ne le regardait pas ou n'interagissait pas avec lui et même lorsque lui ne la regardait pas. Apparemment, il contrôlait toujours ses mouvements d'un regard périphérique et réagissait par ses propres mouvements. En ce sens, il restait toujours en contact avec elle; un contact chargé de sensibilité et qu'il ne rompait jamais. Mais Mark réagissait uniquement lorsqu'ils se regardaient mutuellement; dans les autres cas, il rompait le contact. Dans ces deux types d'interaction apparaît une autre différence cruciale: la mère réagissait différemment à un détournement du regard selon que ce fût Fred ou Mark qui l'exécutait. Lorsque Mark détournait son regard, la mère acceptait ceci comme une rupture temporaire; soit elle ne faisait plus attention à lui, soit elle s'asseyait tranquillement. Par contre si Fred détournait la tête, la mère ne l'acceptait pas comme un signal de rupture et s'approchait plus encore de lui comme pour le forcer à un contact intense, mais elle ne réussissait qu'à lui faire détourner la tête encore plus loin.

En résumé, le modèle de la démarche entre Fred et sa maman était conçu suivant une séquence répétitive que voici: si Fred et sa mère se faisaient face et se regardaient mutuellement durant un bref instant, Fred invariablement détournait quelque peu son regard chaque fois que sa maman s'approchait de lui. Au lieu de considérer l'aversion de Fred comme un signal de retrait (comme elle le faisait dans le cas de Mark), elle se comportait comme s'il s'agissait d'un signal d'approche. Il est possible qu'elle ait agi différemment avec Fred parce qu'il continuait à contrôler tous les mouvements de sa mère (ce que Mark ne faisait pas) même quand il détournait le regard. Elle pouvait remarquer ce fait de par la sensibilité de l'enfant et sa réaction au moindre de ses mouvements. Ceci pouvait lui donner l'impression qu'il était toujours en contact avec elle, tant et si bien qu'elle se rapprochait encore afin de se trouver en position face à face et d'établir un contact visuel. Résultat : Fred détournait complètement son regard d'une manière exagérée. Lorsque, de cette position Fred ramenait son regard vers elle, elle se retirait et s'en allait. Il s'agit ici encore d'un modèle d'« approche et d'esquive », à cette différence près qu'il va en sens contraire ; Fred s'approche et la maman se retire. Au moment où elle s'est retirée complètement et détourne son visage, Fred lui fait face à nouveau, de même qu'il exécute encore ces mouvements fébriles d'approche et de retraite qui dépendent des mouvements de sa mère à son égard, même si elle ne fait plus attention à lui. Elle regarde ailleurs. Cependant, l'enfant qui la fixe et qui se meut rapidement en même temps qu'elle, recapte son attention. De nouveau, elle se tourne vers Fred et sitôt qu'elle s'approche de lui, il détourne le visage et les voilà repartis dans cette même démarche séquentielle.

Ce modèle d'« échappatoires » répétées comporte un trait caractéristique : Fred et sa maman ne sont jamais vraiment ensemble durant un long moment, mais d'autre part ils ne sont jamais complètement séparés pendant longtemps. Pourtant, ils passent beaucoup plus de temps et consacrent plus d'efforts à essayer — en vain, hélas ! — d'être ensemble. (L'interaction entre Mark et sa mère est moins longue mais par contre, les regards réciproques et les contacts en face à face sont d'autant plus longs.)

Un des résultats intéressants de ce modèle d'interaction consistait en ce que, comparativement à Mark, durant sa deuxième année de vie Fred continua d'avoir plus de difficultés à établir et à maintenir un contact visuel réciproque avec sa mère ainsi qu'avec d'autres personnes. De même, il éprouvait plus de difficultés que Mark à se séparer de sa mère et à errer seul sans jeter un regard vers l'arrière pour s'assurer de sa présence. En général, il restait moins attaché et moins indépendant.

De cet exemple de stimulation paradoxale, on peut déduire principalement que le cours de la phase « séparation-individuation » du développement — phase qui sera le problème majeur du développement durant la deuxième année de vie — peut être partiellement prévu ou prédéterminé par les modèles d'interactions établis durant les six premiers mois de la vie de l'enfant, au moment où l'attachement constitue le problème majeur du développement.

Attachement et séparation, ou engagement et désengagement sont inextricablement liés tout en étant totalement opposés. Généralement, lorsque l'on observe des enfants durant leur première année, on se concentre surtout sur le problème de l'attachement et, lorsqu'on les observe durant leur deuxième année, c'est le problème de « séparation-individuation » qui retient notre attention. Ce changement de centre d'intérêt est quelque peu artificiel et potentiellement trompeur quoique compréhensible. Durant la première année, les comportements d'attachement s'épanouissent pleinement. Le sourire, le regard, un enlacement, un gazouillement sont les composants principaux de cette relation d'attachement, tandis que les regards fixes ou détournés et les inhibitions momentanées ne se manifestent qu'en l'absence des premiers composants. Ensuite, pendant la seconde année, les attitudes de séparation s'épanouissent : l'enfant acquiert une certaine mobilité, est capable de marcher et de s'éloigner, et d'entrer en contact avec des objets; ce sont les regards jetés en arrière vers la mère et les vocalisations qui remplissent à présent les vides.

Le fait essentiel est qu'à une époque comme à l'autre le tableau général est fait de la relation entre les formes dominantes et la configuration des vides qui les séparent. La structure et la fonction de l'engagement et du désengagement s'entrecroisent, si bien que l'histoire du développement de l'un des aspects doit renfermer l'histoire du développement de l'autre, quelle que soit la phase du développement où l'enfant se trouve. La phase de « séparation-individuation » doit débuter en même temps que la phase d'attachement.

Chapitre 9
A chacun sa méthode

De toute évidence, lorsqu'un nourrisson est « déviant » ou qu'une mère adopte un comportement anormal et manifestement néfaste, nous devons intervenir immédiatement avec toutes les connaissances et toute l'intuition dont nous disposons et qui peuvent être utiles. Mères, chercheurs, éducateurs et cliniciens, nous nous trouvons tous dans une position difficile, ou plus précisément dans une phase de transition. Nous nous voyons très encouragés et enthousiasmés par la compréhension rapidement grandissante du processus biologique et psychologique du développement social du nourrisson. Cependant, nous ne sommes pas encore à même de transposer cette connaissance en pratique quotidienne. Nos travaux, à ce stade transitoire, nous posent des problèmes quant à savoir ce qui est normal et ce qui ne l'est pas. Dans un tel état de chose, que faut-il faire ? Une intervention même d'ordre éducationnel, est toujours problématique et face au zèle que nous prodiguent nos nouvelles connaissances, il faut faire preuve d'une certaine retenue.

Tout d'abord, nous ne connaissons pas encore l'éventail complet, à l'intérieur de notre propre culture, des modalités normales d'interaction entre mère et enfant. Une intervention suppose qu'un élément identifiable dans l'interaction soit néfaste. Même pour des observateurs ayant une expérience et un arrière-plan semblables, la distinction n'est pas toujours nette entre les modèles pathologiques potentiels et une situation familiale donnée. Après tout, l'enfant est en partie formé à grandir, à vivre et à s'intégrer dans un tel environnement avec une telle mère ... Erik Erikson nous a bien démontré que, dans toute société, l'enfant est élevé de façon à ce qu'il s'adapte aux besoins et à la nature de cette société particulière dans laquelle il vit. Il en va de même au sein de chaque famille.

En second lieu, même lorsque la plupart d'entre nous s'accordent à dire qu'une interaction contient quelque chose d'anormal, nous ne savons pas avec suffisamment de certitude si cet élément se corrigera dans un mois, ou dans la prochaine phase du développement; et, au cas où il ne se corrige pas du tout, nous n'avons aucune idée de ce que seront les conséquences à long terme. Sans cette certitude, une intervention ne se justifie pas.

Troisièmement, même si nous savions exactement quoi dire à la mère et si nous pouvions l'inciter à faire telle chose plutôt que telle autre, ce traitement pourrait être pire que la maladie elle-même. La spontanéité est un des éléments les plus efficaces du comportement social d'une mère. En fait, la capacité de faire varier efficacement un comportement social provoqué par l'enfant dépend dans une large mesure d'un certain naturel et d'une confiance intuitive en son propre comportement. Une modification de ce dernier pourrait mettre en danger l'un des atouts les plus puissants de la mère et faire peser diverses tensions sur l'interaction.

Les problèmes qui se posent à propos de l'intervention se posent également pour certains aspects de l'éducation maternelle. Et pourtant, une éducation, quelle qu'elle soit, est plus qu'indispensable. En travaillant avec des mères, la plupart du temps des jeunes mères, j'ai remarqué que la majeure partie d'entre elles apprennent réellement leur tâche. Et ce n'est pas par le biais d'institutions médicales, paramédicales ou éducationnelles. Si une mère ne vit pas dans une famille nombreuse — et c'est très souvent le cas — elle apprend sa tâche maternelle lors de rencontres fortuites avec d'autres mères. Ces petites institutions transitoires et cependant puissantes que l'on rencontre partout, sont une source très importante d'informations. Habituellement, elles se forment spontanément au gré d'une rencontre avec des voisines, avec les amies d'une parente, avec des partenaires sportives qui, par hasard, ont un enfant du même âge que le vôtre ou un peu plus âgé.

C'est au sein de ces groupes sociaux informels et d'une structure lâche qu'on trouve l'éducation réelle et le support émotionnel nécessaire, et non dans nos institutions officielles ou dans des ouvrages de vulgarisation. Je pense que la première personne qui apporte des soins à un bébé tient plus d'un artiste créatif que de toute autre chose, tenant son propre rôle tout en le créant, à la manière d'un chorégraphe-danseur ou d'un musicien compositeur. Notez que j'ai mis l'accent sur les arts dynamiques et non verbaux, au moins durant cette période de l'enfance.

Les normes culturelles seront acquises de toutes façons, et l'expérience formelle sera utile et d'une valeur inappréciable mais seulement pour la maîtrise de techniques de base, telles que préparer le lit du nourrisson, lui donner le bain, le nourrir ... Cependant, il est difficile d'enseigner à une jeune mère comment jouer et comment interagir avec son bébé. Cela ne signifie nullement que la mère est incapable d'en apprendre toujours plus au sujet de ce processus, ni de se sentir plus à l'aise pour le créer, l'accomplir et en tirer sa joie.

Le processus d'apprentissage portant sur l'interaction avec un enfant et sur l'acquisition du « sentiment » de ce processus interactif est relativement identique d'une mère à l'autre malgré certaines différences. Pourtant, pour chaque mère, tous les événements, toutes les émotions qu'elle y rencontre lui sont strictement personnelles à elle et à son bébé, exclusivement leurs, incommunicables. Créer un rôle et le jouer dans une interaction sociale continuellement improvisée et souvent de nature idiosyncratique peut constituer une démarche solitaire et même aliénante. Personne n'a jamais décrit la démarche à suivre vu qu'elle est toujours improvisée, et personne n'a jamais dressé la liste des infinies variations de comportements souvent inédites et inattendues, qu'une mère utilisera inconsciemment avec son enfant. A un certain moment, la plupart des mères se retrouvent « le bec dans l'eau » lors d'une série d'interactions tout à fait improvisées. Pour certaines d'entre elles, cette expérience est exaltante, tandis que pour les autres elle est assez effrayante.

Je suppose que toutes les aventures créatives — et l'interaction sociale quotidienne avec l'enfant n'y échappe pas — aboutissent régulièrement dans une impasse où il faut remettre en question tant la voie que l'on a prise au départ que l'activité en cours à ce moment. Voilà la raison pour laquelle je crois que tout groupe de mères conscientes de leur rôle éducatif est le meilleur « appareil » éducationnel capable de communiquer des idées nouvelles, d'apporter le soutien émotionnel et, le plus important peut-être, de faire comprendre que ce que chacune fait et ce pourquoi chacune se tracasse est, en général, tout à fait ordinaire et vécu par toutes. En d'autres mots, toute mère attentive a sa propre manière d'agir.

C'est pour cette même raison que ce livre a été écrit. Dans cet esprit, j'ai essayé de communiquer les informations dont je disposais, afin que toute mère puisse créer les pas de sa propre «danse», unique en son genre, qu'elle exécute avec son enfant; et en même temps, afin qu'elle sache que les séquences qu'ils improvisent font partie, même dans leur individualité, d'un processus commun à tout le monde.

De ces expériences, on peut conclure que, d'une manière générale, la façon de mener une interaction sociale, même avec l'enfant, est un processus complexe et individuel. Il peut se présenter sous forme d'une improvisation d'attitudes inattendues, ou d'une création et d'une modification spontanée de structures temporelles et de séquences d'actions qui n'ont jamais été accomplies exactement de la même manière mais que l'on observe pourtant des millions de fois. Il peut encore s'agir d'une modification à peine sensible dans le timbre, le ton, la rapidité et la modalité d'un comportement vocal sur base d'indications qui apparaissent le temps d'un éclair et ne sont vécues et identifiées que partiellement, mais qui sont quand même perçues de manière suffisante pour mener vers une nouvelle action d'un type différent. Tous ces processus s'enclenchent dans le cadre solidement structuré que la nature a mis à la disposition de l'enfant et de sa mère.

De ces expériences se dégage une autre leçon importante. La mère et l'enfant apportent à ce système structurel variable les attitudes et les émotions nécessaires qui en assurent le fonctionnement sûr et robuste. Ces deux éléments témoignent du travail de la nature qui durant plusieurs millénaires d'évolution, a opéré un perfectionnement progressif du système d'interaction conçu pour forger des personnalités, et non des «ratés».

Références

2. *Le répertoire du partenaire de l'enfant*

[1] I. Eibl-Eibesfeldt, *Ethology, the Biology of Behavior* (New York: Holt, Rinehart et Winston, 1970).
A. Kendon et A. Ferber, "A description of some human greetings", dans R.P. Michael et J.H. Crook (eds), *Comparative Ecology and Behaviour of Primates* (Londres et New York: Adademic Press, 1973).
[2] C.A. Fergusson "Baby talk in six languages", dans J. Gumperz et D. Hymes (eds), *The Ethnography of Communication*, 1964, 66, 103-104.
[3] K. Nelson, "Structure and strategy in learning to talk", *Monograph of the Society for Research in Child Development*, 1973, 38 (102, série n° 149).
[4] C. Snow, "Mother's speech to children learning language", *Child Development*, 1972, 43, 549-64.
D. Stern, "Mother and infant at play: the dyadic interaction involving facial, vocal and gaze behaviours", dans M. Lewis et L. Rosenblum (eds), *The effect of the Infant on Its Caregiver* (New York, 1974).
D. Slobin, "On the nature of talk to children", dans E. et E. Lenneberg (eds), *Foundations of Language Development, I* (New York et Londres: Academic Press, 1975).
[5] D. Stern et J. Jaffe, "Dialogic vocal patterns between mothers and infant". Rapport présenté à la conférence sur l'Interaction, la Conversation et le Développement du Langage. Educational Testing Service, Princeton, octobre 1976.
[6] M.C. Bateson, "Mother-infant exchanges: the epigenesis of conversational interaction", *Annals of the New York Academy of Sciences*, 1975, 263, 101-13.
[7] D. Stern, J. Jaffe, B. Beebe et S. Bennett, "Vocalizing in unison and in alternation: two modes of communications within the mother-infant dyad", *Annals of the New York Academy of Sciences*, 1975, 263, 89-100.
[8] J.R. Schaffer, G.M. Collis et G. Parsons, "Vocal interchange and visual regard in verbal and pre-verbal children", dans H.R. Schaffer (ed.), *Studies on*

Mother-Infant Interaction (New York et Londres: Academic Press, 1977, pp. 291-324).
[9] M. Argyle et A. Kendon, "The experimental analysis of social performance", dans L. Berkowitz (ed.), *Advances in Experimental Social Psychology*, vol. 3 (New York et Londres: Academic Press, 1967).
A. Kendon, "Some functions of gaze direction in social interactions", *Acta Psychologica*, 1967, 26, 22-63.
[10] J. C. Peery et D. Stern, "Gaze duration frequency distributions during mother-infant interactions", *Journal of Genetic Psychology*, 1976, 129, 45-55.
[11] T.G.R. Bower, "Stimulus variables determining space perception in infants", *Science*, 1965, 149, 88-9.
[12] E. Tronick, L. Adamson, S. Wise, H. Als et T.B. Brazelton, "The infant's response to entrapment between contradictory messages in face to face interaction". Rapport présenté à la Société pour la Recherche du Développement de l'Enfant, Denver, Mars 1975.
[13] E. Aronson et S. Rosenbloom, "Space perception in early infancy: perception within a common auditory-visual space", *Science*, 1971, 172, 1161-3.
[14] W. Fullard et A.M. Relling, "An investigation of Lorenz's babyness", *Child Development*, 1976, 47, 1191-3.
[15] I. DeVore et M.J. Konner, "Infancy in hunter-gatherer life: an ethological perspective", dans White (ed.), *Ethology and Psychiatry*. Voir aussi I. DeVore et R.B. Lee (eds), *Kalahari Hunter-Gatherers* (Cambridge, Mass.: Harvard University Press, 1976).

3. Le répertoire de l'enfant

[1] K.S. Robson, "The role of eye contact in maternal-infant attachment", *Journal of Child Psychology and Psychiatry*, 1967, 8, 13-25.
[2] R. Ahrens, "Betrag zur Entwicklung des Physiognomie- und Mimikerkennens', *Z. Exp. Angew. Psychol.*, 1954, 2, 412-54.
R.A. Spitz et K.M. Wolf, "The smiling response: a contribution to the ontogenesis of social relation", *Genetic Psychology Monographs*, 1946, 34, 57-125.
[3] R.L. Fantz, "Visual experience in infants: decreased attention to familiar patterns relative to novel ones", *Science*, 1964, 146, 668-70.
[4] D. Freedman, "Smiling in blind infants and the issue of innate *vs* acquired", *Journal of Child Psychology and Psychiatry*, 1964, 5, 171-84.
R.A. Haaf et R.Q. Bell, "A facial dimension in visual discrimination by human infants", *Child Development*, 1967, 38, 893-9.
[5] P.H. Wolff, "Observations on the early development of smiling", dans B.M. Foss (ed.), *Determinants of Infant Behaviour*, vol. 2 (Londres: Methuen, 1963).
[6] B. Beebe et D. Stern "Engagement-disengagement and early object experiences", dans N. Freedman et S. Grand (eds.), *Communicative Structures and Psychic Structures* (New York: Plenum, 1977, à paraître).
[7] D. Stern, "Mother and infant at play: the dyadic interaction involving facial, vocal and gaze behaviors", dans M. Lewis et L. Rosenblum (eds.), *The Effect of the Infant on Its Caregiver* (New York: Wiley, 1974).
[8] W.R. Charlesworth et M. Kreutzer "Facial expressions of infants and children", dans B. Ekman (ed.), *Darwin and Facial Expression* (New York et Londres: Academic Press, 1973).

[9] S.L. Bennett, "Infant-caretaker interactions", *Journal of the American Academy of Child Psychiatry*, 1971, *10*, 321-35.
[10] R. Emde, T. Gaensbauer et R. Harmon, "Emotional expression in infancy: a biobehavioral study", *Psychological Issues Monograph Series*, 1976, *10*, n° 37.
[11] L.A. Sroufe et E. Waters "The ontogenesis of smiling and laughter: a perspective on the organization of development in infancy", *Psychological Review*, 1976, *83*, 173-89.

4. Du laboratoire à la vie réelle

[1] J.S. Bruner, "The ontogenesis of speech acts" *Journal of Child Language*, 1975, 2, 1-19.
[2] R.M. Yerkes et J.D. Dodson, "The relation of strength of stimulus to rapidity of habit-formation", *Journal of Comp. Neurol. Psychology*, 1908, *18*, 458-82.
J. Kagan et M. Lewis, "Studies on attention in the human infant", *Merrill-Palmer Quarterly*, 1965, *11*, 95-127.
[3] M. Lewis, S. Goldberg et H. Campbell, "A developmental study of learning within the first three yars of life: response decrement to a redundant signal", *Society for Resarch in Child Development Monographs*, 1969, *34*, 9, n° 133.
[4] J. Kagan, "Stimulus-schema discrepancy and attention in the infant", *Journal of Experimental Child Psychology*, 1967, *5*, 381-90.
[5] J.I. Lacey, "Somatic response patterning and stress: some versions of activation theory", *American Handbook of Psychiatry*, vol. 4 (New York: Basic Books, 1974).
[6] R.B. McCall et J. Kagan, "Attention in the infant:effects of complexity, contour, perimeter, and familiarity", *Child Development*, 1967, *38*, 939-52.
G. Stechler et G. Carpenter "A viewpoint on early affective development", dans J. Hellmuth (ed.), *The Exceptional Infant*, vol. 1 (Seattle: Special Child Publications, 1967).
[7] D.E. Berlyne, "Laughter, humor and play", dans G. Lindzey et A. Aronson (eds), *Handbook of Social Psychology*, vol. 3, Boston: Addison (Westley, 1969).
[8] J. Kagan, *Change and Continuity in Infancy* (New York: Wiley, 1971).

6. Structure et Timing

[1] A. Fogel, "Temporal organization in mother-infant face-to-face interaction", dans H.R. Schaffer (ed.), *Studies on Mother-Infant Interaction* (Londres: Academic Press, 1977, à paraître).
[2] B. Beebe, "Ontogeny of positive affect in the third and fourth months of life of the one infant", PhD dissertation, Columbia University, University Microfilms, 1973.
[3] A.B. Kristofferson "Low variance stimulus response latencies: deterministic internal delays", *Perception and Psychophysics*, 1976, *20*, 89-100.
[4] W.J. Mc Gill, "Neural counting mechanisms and energy detection in audition", *Journal of Mathematical Psychology*, 1967, *4*, 351-76.
D.J. Getty, "Discrimination of short temporal intervals: a comparison of two models", *Perception and Psychophysics*, 1975, *18*, 1-8.
[5] J. Gibbon, "Scalar expectancy theory and Weber's Law in animal timing", *Psychological Review*, 1977, (à paraître).

⁶ D. Stern et J. Gibbon, "Temporal expectancies of social behaviours in mother-infant play", in E. Thoman (ed.), *The Origins of the Infant's Responsiveness* (New York: L. Erhlbaum Press, 1977, à paraître).

7. De l'interaction à la relation

¹ M. Lewis et L. Rosenblum (eds), *The Origins of Fear* (New York: Wiley, 1974).
² T.B. Brazelton, B. Koslowski et M. Main, "The origins of reciprocity: the early mother-infant interaction", dans M. Lewis et L. Rosenblum (eds), *The Effect of the Infant on Its Caregiver* (New York: Wiley, 1974).
³ S.M. Bell, "The development of the concept of the object as related to infant-mother attachment", *Child Development*, 1970, *41*, 291-311.
⁴ W.R. Charlesworth et M. Kreutzer, "Facial expressions of infants and children" dans P. Ekman (ed.) *Darwin and Facial Expression* (New York et Londres: Academic Press, 1973).
⁵ M. Mahler et M. Furer, *On Human Symbiosis and the Vicissitudes of Individuation* (New York: International Universities Press, 1968).

8. Faux pas dans la danse

¹ A. Thomas, H.G. Birch, S. Chess, M.E. Hertzig et S. Korn, *Behavioral Individuality in Early Childhood* (New York: New York University Press, 1963).
⁶ C. Hutt et C. Ounsted, "The biological significance of gaze aversion with particular reference to the syndrome of infantile autism", *Behavioral Science*, 1966, *11*, 346-56.
³ B. White, *Human Infants: Experience and Psychological Development* (Englewood Cliffs, N.J.: Prentice-Hall, 1971).
⁴ D.N. Stern, "A micro-analysis of mother-infant interaction: behaviour regulating social contact between a mother and her three-and-a-half-month-old twins", *Journal of the American Academy of Child Psychiatry*, 1971, *10*, 501-17.

# Suggestion de lectures complémentaires

Konrad Lorenz, *L'anneau du Roi Salomon »* (Londres: Methuen, 1952)
Ma manière de penser et de voir les choses, de même que celle de bien d'autres personnes qui s'intéressent aux enfants, a été influencée dans une large mesure par les ouvrage d'éthologie. Ce livre de Lorenz est une introduction idéale au présent ouvrage; il y décrit avec beaucoup de goût ses propres expériences et ses propres relations avec les animaux qu'il a observé.

Robert A. Hinde, *La base biologique du comportement social humain* (New York: Mc Graw-Hill, 1974).
Si « L'anneau du Roi Salomon » pousse notre curiosité plus en avant dans le domaine du comportement animal et surtout en ce qui concerne l'héritage qu'en a fait le comportement humain, l'ouvrage de Hinde constitue l'étape suivante. Il s'agit d'une excellente synthèse des études éthologiques et des théories portant sur les différents aspects du comportment animal; aspects qui, de toute évidence, contribuent dans une très large mesure à la compréhension du comportement humain.

John Bowlby, *Attachement et Perte* (Paris, Presses Universitaire de France, 1978).
Attachement du Moi (Londres: Hogarth Press, 1968), 2 volumes.
Bowlby associe une perspective éthologique à de vastes expériences psychiatriques et cliniques et les applique à l'étude de la nature du lien qui unit l'enfant et la mère. Cette étude a permis de formuler une théorie sur l'attachement; théorie qui a grandement influencé les tendances de la psychologie et de la psychanalyse modernes en incitant à de nouvelles approches dans l'étude des premiers développements sociaux et humains, et qui a modifié une grande partie de nos habitudes dans notre rôle d'éducateurs.

A. Thomas, S. Chess, H. Birch, H. Hertzig et S. Korn, *Behavioural Individuality in Early Childhood* (New York: New York University Press, 1963).

Sibylle K. Escalona, *The Roots of Individuality* (London: Tavistock, 1968).

T. Berry Brazelton, *Infants and Mothers: Differences in Development* (New York: Dell, 1969).

Burton White, *The First Three Years of Life* (Englewood Cliffs, N.J.: Prentice-Hall, 1975).

Eveoleen N. Rexford, Louis W. Sander et Theodore Shapiro (eds), *Infant Psychiatry: A New Synthesis* (New Haven, Conn. et Londres: Yale University Press, 1976).

Index des auteurs

Ahrens R., 56

Bateson M.C., 30
Beebe, 168
Bell R.Q., 57
Bell S.M., 138
Bennett S.L., 67
Berlyne D.E., 96
Bloom, 26
Bowlby J., 167
Brazelton T.B., 138
Bruner J., 81

Charlesworth W.R., 66

Decarie, 40
Darwin C., 65

Eibl-Eibesfeldt I., 22, 42
Emde, 96
Erikson E., 186
Escalona S., 166

Fantz R.L., 56
Ferber A., 22
Fergusson C.A., 25
Friedman D., 57
Freud S., 79, 95, 96

Fullard W., 45

Haaf R.A., 57

Kagan J., 87, 89, 95-97
Kendon A., 22
Konner M.J., 46
Kreutzer M., 66

Lewis M., 87, 88
Lorenz K., 41, 42

Mahler M., 153

Nelson K., 26

Piaget J., 81, 138

Relling A.M., 45

Schaffer H.R., 30
Spitz R.A., 53, 56, 167
Sroufe A., 96, 97

Tronick E., 38

White B., 162

Table des matières

Remerciements 5
1. Les débuts de la socialisation 7
2. Le répertoire du partenaire de l'enfant 17
3. Le répertoire de l'enfant 51
4. Du laboratoire à la vie réelle 77
5. Où mènent les pas de la danse? 103
6. Structure et réglage temporel 111
7. De l'interaction à la relation 135
8. Faux pas dans la danse 155
9. A chacun sa méthode 185
Références 191
Suggestions de lectures complémentaires 195
Index des auteurs 197

PSYCHOLOGIE ET SCIENCES HUMAINES
collection publiée sous la direction de MARC RICHELLE

1. Dr Paul Chauchard
   LA MAITRISE DE SOI, 9ᵉ éd.
5. François Duyckaerts
   LA FORMATION DU LIEN SEXUEL, 9ᵉ éd.
7. Paul-A. Osterrieth
   FAIRE DES ADULTES, 16ᵉ éd.
9. Daniel Widlöcher
   L'INTERPRETATION DES DESSINS D'ENFANTS, 9ᵉ éd.
11. Berthe Reymond-Rivier
    LE DEVELOPPEMENT SOCIAL DE L'ENFANT ET DE L'ADOLESCENT, 9ᵉ éd.
12. Maurice Dongier
    NEVROSES ET TROUBLES PSYCHOSOMATIQUES, 7ᵉ éd.
15. Roger Mucchielli
    INTRODUCTION A LA PSYCHOLOGIE STRUCTURALE, 3ᵉ éd.
16. Claude Köhler
    JEUNES DEFICIENTS MENTAUX, 4ᵉ éd.
21. Dr P. Geissmann et Dr R. Durand
    LES METHODES DE RELAXATION, 4ᵉ éd.
22. H. T. Klinkhamer-Steketée
    PSYCHOTHERAPIE PAR LE JEU, 3ᵉ éd.
23. Louis Corman
    L'EXAMEN PSYCHOLOGIQUE D'UN ENFANT, 3ᵉ éd.
24. Marc Richelle
    POURQUOI LES PSYCHOLOGUES?, 6ᵉ éd.
25. Lucien Israel
    LE MEDECIN FACE AU MALADE, 5ᵉ éd.
26. Francine Robaye-Geelen
    L'ENFANT AU CERVEAU BLESSE, 2ᵉ éd.
27. B.F. Skinner
    LA REVOLUTION SCIENTIFIQUE DE L'ENSEIGNEMENT, 3ᵉ éd.
28. Colette Durieu
    LA REEDUCATION DES APHASIQUES
29. J.C. Ruwet
    ETHOLOGIE: BIOLOGIE DU COMPORTEMENT, 3ᵉ éd.
30. Eugénie De Keyser
    ART ET MESURE DE L'ESPACE
32. Ernest Natalis
    CARREFOURS PSYCHOPEDAGOGIQUES
33. E. Hartmann
    BIOLOGIE DU REVE
34. Georges Bastin
    DICTIONNAIRE DE LA PSYCHOLOGIE SEXUELLE
35. Louis Corman
    PSYCHO-PATHOLOGIE DE LA RIVALITE FRATERNELLE
36. Dr G. Varenne
    L'ABUS DES DROGUES
37. Christian Debuyst, Julienne Joos
    L'ENFANT ET L'ADOLESCENT VOLEURS
38. B.-F. Skinner
    L'ANALYSE EXPERIMENTALE DU COMPORTEMENT, 2ᵉ éd.
39. D.J. West
    HOMOSEXUALITE
40. R. Droz et M. Rahmy
    LIRE PIAGET, 3ᵉ éd.
41. José M.R. Delgado
    LE CONDITIONNEMENT DU CERVEAU ET LA LIBERTE DE L'ESPRIT
42. Denis Szabo, Denis Gagné, Alice Parizeau
    L'ADOLESCENT ET LA SOCIETE, 2ᵉ éd.
43. Pierre Oléron
    LANGAGE ET DEVELOPPEMENT MENTAL, 2ᵉ éd.
44. Roger Mucchielli
    ANALYSE EXISTENTIELLE ET PSYCHOTHERAPIE PHENOMENO-STRUCTURALE
45. Gertrud L. Wyatt
    LA RELATION MERE-ENFANT ET L'ACQUISITION DU LANGAGE, 2ᵉ éd.
46. Dr. Etienne De Greeff
    AMOUR ET CRIMES D'AMOUR
47. Louis Corman
    L'EDUCATION ECLAIREE PAR LA PSYCHANALYSE
48. Jean-Claude Benoit et Mario Berta
    L'ACTIVATION PSYCHOTHERAPIQUE
49. T. Ayllon et N. Azrin
    TRAITEMENT COMPORTEMENTAL EN INSTITUTION PSYCHIATRIQUE
50. G. Rucquoy
    LA CONSULTATION CONJUGALE
51. R. Titone
    LE BILINGUISME PRECOCE
52. G. Kellens
    BANQUEROUTE ET BANQUEROUTIERS
53. François Duyckaerts
    CONSCIENCE ET PRISE DE CONSCIENCE
54. Jacques Launay, Jacques Levine et Gilbert Maurey
    LE REVE EVEILLE-DIRIGE ET L'INCONSCIENT
55. Alain Lieury
    LA MEMOIRE

56 Louis Corman
NARCISSISME ET FRUSTRATION D'AMOUR
57 E. Hartmann
LES FONCTIONS DU SOMMEIL
58 Jean-Marie Paisse
L'UNIVERS SYMBOLIQUE DE L'ENFANT ARRIERE MENTAL
59 Jacques Van Rillaer
L'AGRESSIVITE HUMAINE
60 Georges Mounin
LINGUISTIQUE ET TRADUCTION
61 Jérôme Kagan
COMPRENDRE L'ENFANT
62 Michael S. Gazzaniga
LE CERVEAU DEDOUBLE
63 Paul Cazayus
L'APHASIE
64 X. Seron, J.L. Lambert, M. Van der Linden
LA MODIFICATION DU COMPORTEMENT
65 W. Huber
INTRODUCTION A LA PSYCHOLOGIE DE LA PERSONNALITE
66 Emile Meurice
PSYCHIATRIE ET VIE SOCIALE
67 J. Château, H. Gratiot-Alphandéry, R. Doron et P. Cazayus
LES GRANDES PSYCHOLOGIES MODERNES
68 P. Sifnéos
PSYCHOTHERAPIE BREVE ET CRISE EMOTIONNELLE
69 Marc Richelle
B.F. SKINNER OU LE PERIL BEHAVIORISTE
70 J.P. Bronckart
THEORIES DU LANGAGE
71 Anika Lemaire
JACQUES LACAN, 2ᵉ éd. revue et augmentée
72 J.L. Lambert
INTRODUCTION A L'ARRIERATION MENTALE
73 T.G.R. Bower
DEVELOPPEMENT PSYCHOLOGIQUE DE LA PREMIERE ENFANCE
74 J. Rondal
LANGAGE ET EDUCATION
75 Sheila Kitzinger
PREPARER A L'ACCOUCHEMENT
76 Ovide Fontaine
INTRODUCTION AUX THERAPIES COMPORTEMENTALES
77 Jacques-Philippe Leyens
PSYCHOLOGIE SOCIALE, 2ᵉ éd.
78 Jean Rondal
VOTRE ENFANT APPREND A PARLER
79 Michel Legrand
LE TEST DE SZONDI
80 H.J. Eysenck
LA NEVROSE ET VOUS
81 Albert Demaret
ETHOLOGIE ET PSYCHIATRIE
82 Jean-Luc Lambert et Jean A. Rondal
LE MONGOLISME
83 Albert Bandura
L'APPRENTISSAGE SOCIAL
84 Xavier Seron
APHASIE ET NEUROPSYCHOLOGIE
85 Roger Rondeau
LES GROUPES EN CRISE ?
86 J. Danset-Léger
L'ENFANT ET LES IMAGES DE LA LITTERATURE ENFANTINE
87 Herbert S. Terrace
NIM, UN CHIMPANZE QUI A APPRIS LE LANGAGE GESTUEL
88 Roger Gilbert
BON POUR ENSEIGNER ?
89 Wing, Cooper et Santorius
GUIDE POUR UN EXAMEN PSYCHIATRIQUE
90 Jean Costermans
PSYCHOLOGIE DU LANGAGE
91 Françoise Macar
LE TEMPS PERSPECTIVES PSYCHOPHYSIOLOGIQUES
92 Jacques Van Rillaer
LES ILLUSIONS DE LA PSYCHANALYSE
93 Alain Lieury
LES PROCEDES MNEMOTECHNIQUES
94 Georges Thinès
PHENOMENOLOGIE ET SCIENCE DU COMPORTEMENT
95 Rudolph Schaffer
COMPORTEMENT MATERNEL

Collectif: LE SYSTEME AMDP